EFEITO RAVENA - O GOLPE FOI CIVIL

De como o versalhismo e a demagogia tornaram o
Brasil inviável

Cacildo Marques

2ª edição

ISBN: **978-1986505130**

____

Ilustração de capa: Cacildo Marques

Segunda edição, 2018.

Baseada na primeira edição, de maio de 2014, São Paulo, Brasil.

Marques, Cacildo
Efeito Ravena – O Golpe Foi Civil/ Cacildo Marques. Maryland.
EpistemeEd , 2018.

100p.
ISBN: **978-1986505130**

1. Brasiol – Política e Governo. 2. História Econômica. 3. Inflação.
4. Militarismo. 5. Política Econômica. I. Título

CDD 338.981

EFEITO RAVENA - O GOLPE FOI CIVIL

ABSTRACT

This book seeks to clarify, first of all, the process of the 1964 coup d'état in Brazil, which was improperly characterized as a military coup, that was released on March 31. Such a reading of history was convenient for the generals while they held the top administration of the country, but it has been weighing against them since 1985, when the barracks intervention ended.

In order to give consistency to the arguments, the book unmasks the lies that are told about the issue and smashes the precedents of the civil coup, of the PSD, circumscribing them to the disorders caused by the Ravenna Effect, the installing of the chief os State residence in a city without a historical secular status of national capital.

Also in the book it is an analysis of the weaknesses and strengths of the vast country called Brazil.

RESUMO

Este livro busca esclarecer, antes de tudo, o proceso do golpe de Estado de 1964 no Brasil, que ficou caracterizado, indevidamente, como um golpe militar desfechado em 31 de março. Tal leitura da história foi conveniente para os generais enquanto eles detinham a alta administração do país, mas pesa contra eles desde 1985, quando a intervenção da caserna teve fim.

Para dar consistência aos argumentos, o livro desmascara as mentiras que são contadas sobre a questão e esmiúça os precedentes do golpe civil, do PSD, circunscrevendo-os aos transtornos causados pelo Efeito Ravena, instalação da residência do chefe de Estado em cidade sem status histórico secular de capital nacional.

Está no livro também uma análise dos pontos fracos e dos pontos fortes do vasto país chamado Brasil.

EFEITO RAVENA - O GOLPE FOI CIVIL

Cacildo Marques

ÍNDICE

PREFÁCIO

Entre a recomendação de Kant, de que nosso juízo seja sempre universal, e a de Tolstói, de que quem queira ser universal cante sua aldeia, tentei manter-me no meio de ambos.

Aqueles que me enclausuraram, envenenaram e mutilaram na ditadura, com o objetivo de me calar, agora estão mortos. O tempo e os vermes se encarregaram de sua tarefa. Mesmo com um pé atrás, falo, enfim.

Escrevi este trabalho para o leitor, que o tem nas mãos, e também para retomar um velho debate com colegas de universidade, entre os quais o atual Ministro da Casa Civil e o atual Presidente da Câmara Municipal de São Paulo. Trato aqui da porção lusófona da América do Sul. Como estivemos quase um século sob regime monárquico, temos características psicológicas específicas no continente americano. Mas como, antes disso, passamos quase um século sob domínio espanhol, temos mais identidade com os irmãos de fala hispânica do que costumamos considerar, enquanto continuamos a usar as mesóclises na linguagem coloquial e a forma castelhana do gerúndio, além de entender o que falam, malgrado o esforço contrário da televisão.

Não escrevi este livro para o conservadorismo pró-fascista, nem para o esquerdismo pró-conservador, essas duas correntes que se abraçam contra a liberdade e o progresso social quando os ventos lhes são favoráveis. Se pretenderem falar mal deste trabalho, estarão chovendo no molhado. Entre essas duas pontas, estão os liberais, mesmo os que se imaginam conservadores, e os progressistas, de onde espero venham críticas construtivas.

Aviso desde já que estará errado quem me classificar como pessimista com base na análise que apresento nestas páginas. Vejo nossas possibilidades a partir da busca da perspectiva petrina, de que "mil dias são como um dia", e da relativa fé no 'Quinto Império' delineado por Antônio Vieira. A América do Sul pode vir a ser grande em desenvolvimento humano, se trocar a arrogância pelo propósito firme de se livrar da pele antiga que a aprisiona num mundo preconceituoso feito de ilusões políticas, perdas econômicas e limitação intelectual.

Quebrar os grilhões não significa apenas livrar-se das grades físicas.

Libertar-se da caverna mental é mais importante e mais urgente. Sem esse movimento, estaríamos ainda hoje queimando bruxas na fogueira, para delírio das massas, julgando ser essa uma atitude correta e avançada.

Para que os tempos históricos fechem seu ciclo precisamos dar os passos necessários para que a sociedade humana supere o estágio de embrião. E não faremos isso se não tivermos claro que a sociedade, longe de ser uma dádiva caída do céu, é fruto de uma arriscada engenharia, que, se continuar negligenciando balança, esquadro, nível e prumo, destruirá o mundo.

Cacildo Marques, abril de de 2014.

PREFÁCIO À SEGUNDA EDIÇÃO

Um pequeno deslize da primeira edição, de 2014, no item "Proporcional", sobre a eleição de Hitler como deputado em 1932, trouxe-me a necessidade de preparar esta segunda edição do livro Efeito Ravena. Lá eu havia escrito que a eleição havia ocorrido no antigo sistema distrital, quando, na realidade, conforme vim a apurar mais tarde, a Constituição de Weimar tinha instituído o modelo proporcional, seguindo a Bélgica, mas de um modo tímido, com uma profusão de partidos concorrentes e um grande número de distritos eleitorais (35), o que comprometia a saúde do novo método. Tal arremedo de sistema levou os alemães a desenvolver trauma do método proporcional, com a introdução, pós-nazismo, do chamado voto distrital misto.

Constatando minha própria falha (não recebi alerta de leitores), decidi aprofundar-me nas diferenças entre os sistemas distrital e proporcional. Li a primeira edição francesa, de 1870, do livro "Nouveau Sistème Électoral", de Jules Borély, e logo traduzi, ao mesmo tempo, para inglês e português, já que não havia ainda versão para nenhuma das duas línguas. O motivo de tamanho atraso no surgimento da tradução, pelo menos no caso lusófono, foi a publicação em 1875, em Paris, na língua espanhola, da obra "La Democracia Práctica", do juiz uruguaio-argentino Luís Vicente Varela, que dizia fazer correções ao livro de Borély. Varela, infelizmente, rejeitou, por não entender, alguns pontos cruciais da proposta. O mais grave foi não respeitar a insistência do voto em legenda, o qual formaria a proporção das cadeiras no Parlamento. Borély chama a isso de "duplo voto simultâneo", que cobra do eleitor o voto primeiramente na legenda, depois no nome do candidato. Varela rebateu isso, argumentando que o eleitor não tem clareza para votar em programa partidário, e, portanto, deveria votar em nomes. Ora, na proposta de Borély, o eleitor tem de ser instruído politicamente, para votar em partido. O voto aí tem de ser obrigatório a todos os maiores de 21 anos e o sistema tem de alfabetizar todos os cidadãos. Quanto ao número de partidos concorrentes, o livro de Borély propõe três situações: três partidos, cinco partidos e sete partidos, nada mais que isso. Uma eleição proporcional em que 28 partidos obtêm cadeiras, como foi a da Alemanha de 1932, constitui-se numa perversão da democracia. Todo o esforço de Borély foi no sentido de evitar o bipartidarismo clássico do voto distrital, mas permitir dezenas de partidos nas eleições prenuncia tragédia ou patifaria.

Minhas traduções estão publicadas com os títulos de "Voto Proporcional", em português, e "Proportional Representation", em inglês.

Algumas outras pequenas falhas foram corrigidas para esta segunda edição, sem a pretensão de esgotar as possibilidades de melhoria da obra.

O livro defende que o golpe de 1964 foi civil, mas é importante frisar agora, em 2018, que não se falaria em golpe se o poder, retirado das mãos de João Goulart, não tivesse sido entregue aos milittares duas semanas depois, por injunção de Carlos Lacerda.

Outro ponto que precisa de menção aqui é a lista dos dez defeitos brasileiros, no item "Defeitos". Como o leitor pode verificar, cada um desses defeitos tem o nome de um autor, responsável pela identificação do problema. Minha contribuição está em agrupá-los. Entretanto, depois da primeira edição vir a lume, notei dois defeitos, que, reivindico, são constatações minhas. O primeiro já estava citado no Prefácio, sem que eu percebesse que era um deles, pois não era nada fácil assimilar a ideia. Trata-se da "arrogância". Nós brasileiros somos sutilmente arrogantes, sem que nos demos conta disso. Por exemplo, falamos mal do país em qualquer oportunidade, mas não admitimos que estrangeiros o façam. Queremos que o estrangeiro engula o que nós achamos que ele tem de achar que é melhor, sem levar em conta a vontade dele. Por exemplo, enviamos para concorrer ao Oscar o filme que queremos impor como o melhor, e não aquele que aos olhos do estrangeiro seria o melhor de fato. A sutil "arrogância" é nosso 11º defeito.

Nosso 12º defeito é ainda mais difícil de admitir: a "puxada de tapete". Estamos sempre trabalhando para que nosso compatriota não se saia bem. Se num festival musical surge o melhor compositor do país, os jurados dão a ele o segundo lugar, no máximo. É algo parecido com o "Schadenfreude" dos alemães, o júbilo pelo fracasso do semelhante, só que é mais grave, porque envolve uma ação para derrubar o outro.

É claro que o livro contém também as dez qualidades, ou virtudes, dos brasileiros.

Enfim, dizer todas essas coisas num prefácio pode assustar o leitor, mas em determinado momento eu teria de deixar de guardá-las só para mim. Sem diagnóstico, as patologias tendem à expansão, não à cura.

Cacildo Marques, março de 2018.

DEZ CAMINHOS PARA ABOLIR A INFLAÇÃO

Cacildo Marques

1. Dos juros

Impossibilidade. Por que os juros no Brasil não podem ser reduzidos a níveis civilizados?

Vamos começar por esse quase mistério que intriga todos os seres pensantes.

Antes de 1994 esta não era uma questão relevante, pois todos entendiam que em regime de inflação alta não havia como conviver com juros baixos. Mas desde que o plano de estabilização aplicado pelo presidente Itamar Franco trouxe as taxas de inflação a níveis suportáveis, as tentativas de fazer o juro e o câmbio comportarem-se com civilidade têm trazido insônias aos responsáveis pela política econômica.

Ocorre que inflação alta, câmbio supervalorizado e juro acima do razoável são os três sintomas de uma moeda doente. O Plano Real não se propôs a curar a macroeconomia brasileira, mas apenas a domar a manifestação do impulso inflacionário. De um livro que apresentava os caminhos para resolver o problema, os técnicos do Ministério da Fazenda usaram uma única página quando da elaboração do plano de estabilização.

Perdedores. Quem perde com a inflação?

A inflação atinge grandes e pequenos, com menores danos entre aqueles que sabem manipular o mercado financeiro. Para os que não são rentistas, a perda é a maior possível. Para uma inflação mensal de 100%, um trabalhador que tivesse guardado sob o colchão uma nota de 5 u. m. (cinco unidades monetárias), suficiente para comprar um quilo de tomate, veria depois de 30 dias que seu dinheiro poderia comprar apenas meio quilo do produto, pois o quilo do tomate não custaria mais as 5 u. m., mas 10 u. m. O resultado é que o trabalhador perdeu metade do valor que tinha guardado.

Se fosse pela fantasia do 'imposto inflacionário', o governo não teria muita motivação para abafar o efeito da inflação, porque estaria ganhando. Mas o governo não ganha com isso, embora os bancos, que são os principais rentistas, e outros jogadores das finanças, saibam precaver-se e manter seus valores, enquanto a maioria perde. Com isso, por uma espécie de arbitragem cambial doméstica, uns vão ficando mais ricos e outros mais pobres, em regime inflacionário. Como a perda é para a maioria, os governos são instados a encontrar uma solução para o problema.

Culpado. Quem leva a culpa por haver inflação alta?

Mais grave ainda, os eleitores têm uma certeza sólida de que todo processo inflacionário surge por responsabilidade do governo, que em última instância é quem fabrica a moeda. Se no próximo mês a moeda impressa tem metade do valor que ela tem hoje, na cabeça do cidadão comum, isso é obra do governo, e de ninguém mais. O eleitor acerta quando enxerga no governante o responsável pela perda, mas erra quando imagina que o governo tem clareza do que está fazendo. Se fosse algo tão simples, como parece ser nos livros escritos pelo saudoso e simpático monetarista Milton Friedman, nenhum governo conviveria com um regime de inflação, porque a raiva do público não é algo agradável de enfrentar. Para Milton Friedman, inflação só existe mediante impressão de moeda, daí, basta o governo parar de imprimir. Receita facílima, mas inútil, porque baseada numa falácia.

Assim, foi de interesse do governo brasileiro em 1994 estabilizar o valor da moeda, mediante o controle da inflação. Juro e taxa de câmbio seriam problemas a serem tratados posteriormente.

Limite. É questão de legislação a adoção de um limite máximo de taxa de juros?

Os constituintes de 1988 tinham aprovado um artigo na Constituição Federal limitando a 12% anuais a taxa básica de juros do país, com base nos baixos juros praticados no ano de 1986, durante a vigência do efêmero Plano Cruzado. O problema é que depois da promulgação da Constituição, nada que se fizesse dava conta de trazer a taxa de juros para esse nível.

O presidente FHC tinha conseguido, graças à bonança que o plano de estabilização propiciara, abolir o preceito da proibição à reeleição presidencial, que vigorava desde a queda do Estado Novo, em 1945. Então, conseguindo reeleger-se à presidência, teve perto do fim do mandato o propósito de baixar os juros, porque o serviço da dívida vinha exaurindo o país. O presidente do Banco Central, Armínio Fraga, entregou-se a essa tarefa, e paulatinamente o Copom (Conselho de Política Monetária) ia reduzindo as taxas, para alegria dos brasileiros. Quando essa baixa chegou à altura dos 14,5%, a inflação voltou a subir. Ficou claro que a redução chegou a um nível temerário. Então Fraga retomou a trajetória de alta, de modo que às vésperas da eleição presidencial, que não podia ser mais disputada por FHC, que já estava em seu segundo mandato (seu projeto foi o de copiar o sistema dos EUA, que baixou de infinitas reeleições para apenas uma, enquanto que no Brasil o número de reeleições subiu de zero para uma), as taxas estavam em nível muito alto, acima dos 22% anuais. Isso facilito em 2002 a vitória do Partido dos Trabalhadores, ainda mais porque o candidato à vice-presidência na chapa, empresário José Alencar, tinha como objetivo de vida a redução das taxas de juros.

Entre as várias dezenas de reformas sofridas pela Constituição, conta-se a retirada do artigo que limitava as taxas de juros, pois, além de se criar o consenso de que aquilo não era matéria constitucional, os políticos começaram a conformar-se com a fatalidade de viver sob um regime de juro altíssimo.

Bancos. Por que os juros de mercado são muito mais altos que a taxa básica?

Passados dez anos, os técnicos esqueceram aquela experiência de Armínio Fraga. Ou, mais provavelmente, acharam que Fraga não soube aplicar o plano de redução, e que em 2012 os novos técnicos do Banco Central já eram dotados dessa ciência. E foi iniciado um projeto de redução paulatina. Criou-se antes o mito de que a inflação era coisa do passado, e que o país já estava livre de novos repiques. Até economistas conceituados martelavam mais esta crendice. E ela vinha sendo reforçada pelo fato de que a redução dos juros tinha chegado a um nível muito mais baixo que aquele do governo FHC: a taxa Selic (Sistema Especial de Liquidação e Custódia) do Banco Central desceu ao número de 7,25%. Como eles não enxergavam a explicação para essa diferença, começaram a acreditar que não havia mais risco inflacionário. E a explicação era muito simples: com a extinção dos bancos públicos estaduais desde o fim do governo FHC, o nível do 'spread', o valor da taxa de juros de mercado, era mantido nas alturas pelos bancos privados, contra os quais a Caixa Econômica e o Banco do Brasil pouco podiam fazer. Só quando a Presidente Dilma Rousseff iniciou forte pressão sobre esses bancos, no início de

2013, é que as taxas de mercado passaram a baixar, em sentido contrário à taxa de inflação. Certamente, teria sido muito melhor para o governo deixar os bancos cobrando suas taxas de 180% anuais, o que não era nada bom para os consumidores de eletrodomésticos, mas que se constituía num mecanismo de defesa da economia, segurando a inflação. Com a taxa Selic baixa, o governo pagaria juros bem reduzidos no serviço da dívida e, para efeito administrativo, embora não eleitoreiro, isso seria muito positivo.

Repetição. Foi temerário baixar muito os juros em 2012?

Quem conhece o funcionamento da macroeconomia brasileira sabia o resultado futuro daquela política de pressionar pela queda dos juros. Esperava-se apenas o dia em que a juventude, como no governo Collor, em 1992, quando seus planos de controle da inflação fracassaram, sairia às ruas em multidões descontroladas exigindo mudanças.

Isso ocorreu em junho de 2013, quando os governos estadual e municipal de São Paulo anunciaram o novo aumento no preço das passagens de ônibus urbano, trens metropolitanos e metrô, aumento que vinha sendo adiado desde o início do ano, justamente para pesar menos na inflação. Para os ônibus, o aumento era de vinte centavos, e os manifestantes incorporaram entre suas palavras de ordem a de que "não é só pelos vinte centavos", deixando claro que a revolta se dava por vários outros motivos, incluindo o preço do quilo do tomate, que subiu de 2 u. m. para 18 u. m. em questão de poucas semanas.

Mas passemos agora às questões de política, educação, saúde, indústria, cultura, religião, etnicismo, legislação, segurança, habitação, energia, ambiente, tributos, emprego, renda, geografia e comunicações, entre outros. Voltaremos à macroeconomia nas páginas finais deste trabalho.

2. Das mentiras

Choque. Todos os cidadãos estão abertos às novas ideias?

Há pessoas que se indignam por simplesmente ouvir ou ler afirmações que contrariem suas crenças nutridas durante muito tempo. Esta é a mais expressiva mostra de falta de resiliência. O indivíduo normal discorda, desdenha e surpreende-se ao se deparar com ideias que se chocam com suas antigas convicções, mas faz isso dentro de um processo mental, sem gritos, caretas ou outra manifestação física, e logo se recompõe, absorvendo o novo dado e colocando-o na balança para decidir se substitui seu pensamento anterior pelo novo ou se tem boas razões para manter sua velha posição.

Este presente trabalho não teria sido escrito se fosse para compilar avaliações corriqueiras, que circulam como as mais absolutas verdades. Ele está aqui para acrescentar, por mais que possa desconcertar 'opiniões' confortáveis.

Kubitschek. Que episódio histórico deu início à montagem do golpe de 1964?

Tratamos aqui então do golpe de 1º de abril de 1964, desfechado sobre a presidência da República pelo parlamento brasileiro. O ovo desse dinossauro temporão foi botado não no dia 24 de agosto de 1954, com o suicídio de Vargas, como alguns já disseram, mas no dia 3 de outubro de 1955, com a eleição à presidência do tenente-coronel PM médico Juscelino Kubitschek de Oliveira (PSD). Juarez Távora (UDN) e Adhemar de Barros (PSP) tiveram juntos 56% (30% e 26%) dos votos, enquanto que Kubitschek, o eleito, conseguiu 36%. Plínio Salgado (PRP), quarto e último candidato presidencial, obteve 8%. Conforme a Constituição de 1946, o vice-presidente era eleito separadamente, e a eleição dava-se em turno único, pois ainda não havia sido introduzido o modelo do segundo turno, sofisticação catártica da demagogia, copiada da Quinta República da França. Na coligação vencedora, o vice foi João Goulart (PTB), ex-ministro do Trabalho. Kubitschek perdeu para Adhemar de Barros em SP, PR, AM e RO (então território do Guaporé), e perdeu para Távora em cinco Estados do Nordeste (SE, AL, PE, PB e CE). Vê-se que o respaldo eleitoral de Kubitschek era muito frágil.

Jacareacanga. O governo Kubitschek foi bem aceito no início?

Tendo tomado posse no dia 31 de janeiro de 1956, Kubitschek teve de enfrentar uma tentativa de golpe militar, iniciada no dia 10 de fevereiro, quando oficiais da Aeronáutica desviaram aviões que decolaram no Campo dos Afonsos, RJ, para a base aérea de Jacareacanga, no Pará, e dominaram algumas cidades próximas. Só depois de 19 dias a rebelião, conhecida como 'Revolta de Jacareacanga', foi debelada. Esses militares acusavam o presidente de ter forte ligação com esquerdistas e de, portanto, pretender levar o país para a rota do socialismo.

No dia 11 de novembro, logo depois da eleição, um golpe bem sucedido no sentido contrário tinha ocorrido, e este talvez tenha instigado os militares da Aeronáutica em sua ação. O marechal Henrique Teixeira Lott depôs o presidente interino Carlos Luz porque havia rumores fortes de que ele trabalhava para impedir a posse de Kubitschek. Em seu lugar foi alçado à presidência interina o presidente do Senado, Nereu Ramos. Lott tinha altas pretensões, pois se candidatou cinco anos depois à presidência, pela coligação PSD-PTB, quando perdeu para Jânio Quadros (PTN).

Obras. Que boa obra Kubitschek deixou como legado?

Quando se pergunta a algum brasileiro quais as obras importantes do governo Kubitschek, logo vêm à cabeça a mudança da capital para Brasília e a instalação de novas indústrias de automóveis por empresas alemãs e norte-americanas. No entanto, a ampliação da indústria de carros trouxe a desativação das ferrovias e a construção de Brasília impôs à América do Sul a tragédia de viver sob o Efeito Versalhes-Weimar décadas a fio. O Plano de Metas de Kubitschek foi preparado pelo economista Roberto de Oliveira Campos, que nunca perdoou ao presidente por ter encaixado no projeto o penduricalho Brasília. Como relatou Celso Furtado, foi num comício de campanha em Jataí (MG) que um popular gritou ao candidato: "Se o senhor se diz tão bom, por que não constrói Brasília?" Kubitschek resolveu naquele momento a questão e respondeu: "Isto! Vou construir Brasília!" Não se apurou em seguida se aquele eleitor desafiador era ou não um grande proprietário de terras na região do cerrado. Inocente seguramente não era.

A UDN, partido de oposição a Vargas e a Kubitschek, promoveu longa campanha contra a construção de Brasília. Mas, para infelicidade do país, aquele partido fazia aquilo apenas movido pelo espírito oposicionista, sem saber contra o que estava lutando, pois o argumento era apenas o dos gastos públicos. Ora, isso correspondia ao custo de um mero tijolo do Palácio de Versalhes, dadas as desgraças que o país teria de viver nas décadas seguintes. Ironicamente, Kubitschek foi apelidado de 'Presidente Bossa Nova', já que a bossa nova era a grande novidade musical que o mundo tinha acabado de inventar, o que se deu em alguns apartamentos cariocas, após um pequeno período de autoconfinamento do violonista João Gilberto na cidade de Diamantina (MG), casualmente, a cidade natal de Kubitschek. Longe de ser presidente bossa nova, o presidente da República enterrou aquele gênero musical, no cemitério das vicissitudes a que ele submeteu os brasileiros.

Ao contrário do que pensava a UDN, os gastos da construção de Brasília não teriam trazido nenhum problema ao país se a missão da cidade tivesse sido outra, diferente dessa de abrigar a chefia de Estado, como a de ser um polo industrial, a capital de um futuro Estado de Tocantins - ou do Estado do Planalto -, a sede de uma grande escola de aeronáutica ou um centro místico-turístico. Com qualquer outro objetivo, os custos teriam sido pagos rapidamente e o país teria auferido grandes ganhos.

Para lembrar aos esquecidos, a grande obra de Kubitschek, que só trouxe benefícios, foi o Açude de Orós, no Ceará.

Inflação. Como se deu o início do período de superinflação?

Disse o deputado Ulysses Guimarães, numa de suas entrevistas à TV Cultura (SP), que Kubitschek o chamou a palácio para expor-lhe uma grande dúvida. Deveria ou não imprimir moeda? Se imprimisse, haveria o grande risco de se criar um período inflacionário. Se não imprimisse, seria para ele difícil aguentar a pressão dos sindicatos por aumentos salariais, porque a população precisava fazer frente à carestia que grassava pelo país. Os fatos conhecidos eram a carestia e a pressão dos sindicatos, não a superinflação, que não passava ainda de abstração na cabeça dos brasileiros. Então o Dr. Ulysses recomendou: "Presidente, rode a guitarra". O dinheiro passou a ser impresso, os salários foram aumentados e os preços receberam novos aumentos. Com nova impressão de moeda e novos aumentos de preços, iniciou-se ali a corrida desenfreada entre preços e cédulas, que durou quase quarenta anos.

Em 1958, circulavam ainda moedas cunhadas no Segundo Reinado, estampando o rosto de Dom Pedro II. Tinham, obviamente, pequeno valor, mas tinham valor ainda. A partir da entrada da inflação, aquelas moedas saíram de circulação, umas indo para o museu, outras para o lixo.

E como já foi dito, em 1994 fez-se um plano de estabilização com vistas a abafar as pressões inflacionárias, que, como sabem agora até os economistas mais ingênuos, não curou a moeda.

Militarismo. Qual a base doutrinária da formação dos militares?

Neste século XXI vemos que já passou da hora de se firmar um pacto nas Nações Unidas contra a instalação de regimes militares, que tiveram seu papel na história em época em que a guerra era a linguagem das relações entre os países, sempre que havia motivo de tensão. Desde cedo, um militar é treinado para obedecer, e para fazer a guerra, em defesa da pátria. No topo do comando, como general, ele tem como *ethos* de trabalho nunca se deixar desobedecer. Um general que ocupa o posto de chefe de Estado não consegue se desvencilhar desse tirocínio profissional. Assim é que Napoleão Bonaparte, por exemplo, como presidente e como imperador, jamais deixou de agir como chefe militar.

Sob esse treinamento rigoroso pela obediência hierárquica, um militar sente-se revoltado por ter de bater continência a um outro militar que seja de patente mais baixa e que por algum motivo tenha galgado o posto de chefe supremo de seu país. O cabo Adolf Hitler, o tenente-coronel Juscelino Kubitschek e o coronel Hugo Chávez tiveram de enfrentar resistência de seus subordinados nos quartéis. É uma escolha temerária essa de abandonar a caserna sem alcançar a patente máxima, seja na polícia, na aeronáutica, na marinha ou no exército, e buscar cortar caminho atingindo a cadeira de chefe de Estado, para pôr sob seu comando seus antigos comandantes. Se empossar um general como presidente pode ser o prenúncio de um pesadelo, empossar oficial de patente inferior é pesadelo certo.

Golpe. Há no Brasil um histórico de governos militares advindos de golpes militares?

Os militares brasileiros, desde o início da República, têm alguma espécie de consciência em relação à aura negativa de governos militares resultantes de golpes. O marechal Lott desferiu um golpe sim, em 1955, mas para empossar um civil. Em outubro de 1930, militares deram um golpe de Estado, mas após dez dias chamaram o advogado Getúlio Vargas para ocupar a presidência da República, tendo este tomado posse no dia 3 de novembro.

E em 1964 ocorreu exatamente o contrário do golpe de 1930: civis deram um golpe, no dia 1º de abril, e após dez dias chamaram o marechal Castello Branco, que foi confirmado na presidência da República pelo Congresso Nacional no dia 11 e empossado no dia 15.

Ali se construiu a mentira do século na América do Sul.

É estranho que nenhum antigo general tenha vindo a público confessar aquela ficção. Os detentores do poder têm imensa capacidade de forjar e impor um discurso. Mas há um momento em que as coisas devem ser esclarecidas. Muita gente acha que isso é irrelevante, mas não é assim. A desistência da manutenção da farsa fará bem às forças armadas e à própria maneira como ela é vista pelos brasileiros.

Há quem tente argumentar em favor da versão militarista do golpe, alegando que os generais eram partícipes da trama. Ora, nunca existiu um golpe puramente civil em nenhum país, porque o poder é sustentado pelas forças armadas e, se alguém empreende a deposição de um chefe de Estado, algum respaldo militar tem por trás, ou será visto em seguida como bobo da corte ou como demente. Então o que distingue um golpe civil de um golpe militar é a natureza da liderança do ato. Se é um militar que põe a ponta da baioneta na goela do governante e o defenestra, o golpe é militar. Se é um civil que assina o ato de deposição, ou que dá um ultimato oral, não importando quantas legiões o defendem, este é um golpe civil. Do contrário, os civis seriam sempre os mocinhos da história, porque jamais teriam como dar golpe. E quem quiser exemplos de militares governando após aplicarem golpes de Estado não precisa ir muito longe: basta estudar os casos Augusto Pinochet Ugarte, no Chile (1973), e Jorge Rafael Videla, na Argentina (1976).

Revolução. Onde encontrar fontes relatando golpe 'civil' em 1964?

Há um número especial da revista O Cruzeiro sobre o golpe de 1º de abril. A edição saiu no dia 10 de abril (acesse em http://bit.ly/2Fz96l2), comemorando a 'revolução' civil. Os editores não desconfiavam que já no dia 9 havia sido acertada a entrega do governo aos generais, e que no dia 11 o Congresso Nacional elegeria o marechal Humberto de Alencar Castello Branco como presidente da República. Quaisquer outras reportagens da grande imprensa publicadas naqueles primeiros dez dias de abril de 1964 trarão a mesma crônica de golpe civil, ainda que não utilizem a palavra 'golpe'.

O que aconteceu a partir daí todos sabem, mas continuam comprando a versão construída pelo governo militar.

O golpe de 1º de abril foi desfechado pelo presidente do Senado, Auro Soares de Moura Andrade (PSD-SP), amparado pela revolta da população contra a inflação e pelos governadores de São Paulo, da Guanabara, de Minas, da Bahia e outros mais.

Decretada a deposição de Jango, na primeira hora da madrugada, os golpistas trataram de se certificar de que os chefes do Exército, defensores explícitos da 'legalidade', não se insurgiriam contra aquele ato. O dia foi muito tenso. Enquanto os governadores golpistas trouxeram para seu lado os comandantes que estavam próximos, o comandante do III Exército, do Rio Grande do Sul, só veio a aderir ao movimento às 20 horas daquele 1º de abril. Então antes desse horário ninguém sabia se o chefe de Estado era mesmo Ranieri Mazzilli ou se voltaria a ser João Goulart, ou se haveria um confronto entre as tropas leais ao presidente deposto e as leais aos golpistas. Como os oficiais gaúchos não são loucos, depois de um dia inteiro de avaliações, cederam, para tristeza de Leonel Brizola, que contava com resistência mais prolongada.

Reescrita. Como foi arquitetada a farsa?

Daí é que veio a criação hilária da descrição do golpe. Normalmente há deslocamentos de tropas no interior do país, porque isso faz parte da rotina militar. Na véspera do 1º de abril, o Exército sabia que o General Mourão Filho tinha trazido seu batalhão de Juiz de Fora para o norte fluminense, onde se encontrou com outros chefes militares e se confraternizaram. Consta que o objetivo do General Mourão era levar seu destacamento até a cidade do Rio de Janeiro, porque, talvez, ele não houvesse sido avisado de que a capital do país tinha sido mudada para Brasília, do lado oposto, quatro anos antes, nem de que a cidade, que era o Estado da Guanabara, vinha sendo governada já pelos conservadores, na pessoa de Carlos Lacerda. Mesmo assim, o ato foi o grande achado dos militares! O deslocamento do General Mourão foi decretado, posteriormente, como a grande ação militar que deu origem ao golpe, chamado depois de 'Revolução Redentora'. Certamente, nem Darcy Ribeiro, Ministro-chefe da Casa Civil, nem a presidência do Congresso sabiam disso. Souberam juntamente com todos os brasileiros, lá na frente, quando Castello Branco estava empossado e seus auxiliares estavam fabricando a historiografia. Foi sem saber do General Mourão que Darcy Ribeiro, nos primeiros minutos do 1º de abril, ao tomar conhecimento da propositura pela deposição do presidente da República, mandou recado ao Senado: "Se depuserem Jango, eu posso mandar o dispositivo militar fechar o Congresso Nacional". O senador Moura Andrade, que minutos antes havia desprezado a mensagem de Darcy Ribeiro quanto à viagem de João Goulart a Porto Alegre, comprou a briga e fez aprovar a deposição do Presidente do país, e o dispositivo militar calou-se, perplexo.

Nenhum chefe de Estado está seguro sobre sua cadeira quando a inflação corrói o governo. Nem Rômulo Augústulo (476), nem Luís XVI (1793), nem Abraham Lincoln (1865), nem Francisco José I (1914), nem Friedrich Ebert (1919), nenhum desses esteve seguro enquanto a alta de preços atormentava suas populações.

Prêmios. Que relevância teve o General Mourão nos governos militares?

Mourão recebeu como prêmio por sua 'primazia' naqueles acontecimentos apenas uma apagada presidência temporária de tribunal militar, porque ele entrou na história como Pilatos entrou no credo, por triangulação. E foi mais tarde criticado duramente por Magalhães Pinto, por ter montado sua pretensa 'escaramuça' do 31 de março.

Os golpistas principais foram: Auro Soares de Moura Andrade (SP), Magalhães Pinto (MG), Adhemar de Barros (SP), Carlos Lacerda (GB), Assis Chateaubriand (SP), Júlio de Mesquita Filho (SP) e Roberto Marinho (GB).

E por que os golpistas civis entregaram o governo aos generais? É muito fácil entender isso. Ranieri Mazzilli não tinha liderança suficiente para resolver os problemas econômicos que geraram o golpe. Os preços continuariam a subir e o presidente interino seria derrubado de um jeito ou de outro. Antes que fosse derrubado pela esquerda, arregimentada pelas lideranças sindicais e apoiada por alguns militares aliados a Brizola, Magalhães Pinto (chamado pela revista O Cruzeiro 'o Herói da Revolução' e apoiado pelo embaixador dos Estados Unidos e seu Partido Democrata, que estava no poder), Moura Andrade e outros mais optaram por chamar as Forças Armadas.

Não ficaria bem para os generais mandar registrar nos livros de história que eles ganharam o governo de presente de uma direita covarde. Então retroagiram os acontecimentos em 11 dias, superdimensionaram o exercício do General Mourão e fixaram, autoritariamente, a data do golpe fictício no dia 31 de março.

Fiasco. Os militares foram melhores por não terem sido autores do golpe?

Entrar como subsidiários na decisão do golpe não torna os militares melhores. Só teriam sido melhores se não tivessem aceitado encabeçar aquele governo resultante de um golpe que eles não forjaram, por serem defensores da 'legalidade'. Tinham planos prévios para o Brasil? Sempre tiveram, obviamente. E por que não revelaram depois a verdade factual daqueles dias, pedindo desculpas? Porque a bobagem que fizeram e o papel que exerceram na sequência foram tão catastróficos que eles avaliam ser melhor manter silêncio. Além do mais, tanto os céticos Castello, Orlando Geisel, Ernesto Geisel e Golbery, quanto os dogmáticos Costa e Silva, Médici, Sylvio Frota, Figueiredo, Meira Mattos e Rademaker, os grandes chefes que deram a escorregada, nas duas alas, estão todos mortos.

Os empresários civis que foram aliados da ditadura prestam depoimentos, justificam-se e retrucam, mas não ajudam a esclarecer os fatos, porque eles são considerados coadjuvantes, ou apoiadores. Ora, não é isso que faz do golpe um golpe 'civil-militar'. O fato indiscutível é que o golpe foi dado por civis conservadores. Os militares entraram depois para cumprir as ordens deles, como parceiros armados. Obviamente, alguns desses, como Carlos Lacerda, não entenderam o jogo e foram escorraçados, porque aos poucos os generais foram percebendo que, se lhes foi entregue a chefia suprema do país, eles não teriam de obedecer a ordens de políticos, nem mesmo daqueles que lhes deram posse. Pelo contrário, a ordem do dia a partir dali passou a ser a cassação, o banimento e outras formas de perseguição dos rebeldes que se recusassem a acatar suas ordens.

Correção. É muito custoso desfazer-se das mentiras já consolidadas?

As mentiras são forjadas todo o tempo, e o Brasil nem mesmo é o mais pródigo nessa arte. O que se deve ter em conta sempre é que mentiras danosas precisam ser desfeitas. Recentemente uma grande manipulação estatística vinha ganhando as mentes das pessoas crédulas, e este era o mito do pleno-emprego, construído a partir de métodos falhos do IBGE. Tradicionalmente, considera-se que o nível de pleno emprego é atingido quando se tem 1% de desempregados no mercado, o que ocorreu em 1944 nos Estados Unidos. No Brasil, pelo cálculo rudimentar que vinham divulgando, a taxa estava entre 4% e 5%. Mesmo assim, os crédulos martelavam que o país vivia a fartura do pleno-emprego, contra todas as evidências empíricas. Finalmente, no dia 16 de janeiro de 2014, o IBGE anunciou que tinha uma nova estatística, construída sobre novas bases. Antes, eram pesquisadas seis regiões metropolitanas. No novo método, todas as regiões metropolitanas do país são cobertas. A pretexto de se introduzir o novo método, a mentira injustificada foi abandonada. A taxa de desemprego oficial do Brasil passou a ser de 7,4%.

Respeito. Os militares brasileiros serão sempre suspeitos de tramar golpes de Estado?

Não convém aos militares brasileiros hoje carregar nas costas essa mancha que os associa a golpistas e desrespeitadores das leis e das instituições. Sob a influência dessa história mal-contada, jovens conservadores, em vários cantos do país, clamam por intervenção militar contra governos que eles não elegeram, por terem votado no candidato derrotado. Os militares têm suas convicções políticas, mas elas submetem-se a seu papel constitucional. Se jovens fascistas pedem uma quartelada, eles precisam receber como resposta a informação de que os militares brasileiros recebem formação sólida para fazer valer os ditames da lei. E para que essa resposta tenha sentido, os jovens precisam saber que governos militares do passado brasileiro não ocorreram por golpes desfechados por generais. Isto significa que os próprios militares precisam desistir da ficção de abril, que eles adotaram como tendo sido história factual.

3. Das capitais

Décadas. Há escritos disponíveis sobre o papel das capitais nacionais na história?

O assunto deste capítulo o autor já tratou em outros livros publicados anteriormente, mas não percebeu sinal de que ele tivesse sido entendido até hoje, por isso a inclusão aqui. Primeiro foi o livro 'Brasília - capital da bonança?', de 1988, como desenvolvimento de um pequeno texto escrito em 1975. Em seguida, 'Dez caminhos para abolir a inflação', de 1993. Em 1997, 'Como construir um mundo só de riquezas' e, por fim, em 2012, 'The Brussels Crisis'.

Trata-se de um estudo desenvolvido ao longo de muitos anos, incorporando, de tempos em tempos, novos fatos inquestionáveis e que, como se pode ver pelas datas acima, tem período de amadurecimento indo de 1975 a 2012, numa extensão, portanto, de 37 anos, pelo menos.

Durante o trabalho da escrita de 'The Brussels Crisis', nos 31 dias de janeiro de 2012, o autor encontrou um elo até então perdido, que foi a percepção de que a Primeira Guerra Mundial também estava submetida ao guarda-chuva desse conceito longamente analisado, que recebe o nome de Efeito Versalhes-Weimar, ou Efeito Ravena.

Versalhes. Qual é o cerne do conceito de Efeito Versalhes-Weimar?

Para explanar o conceito de Efeito Versalhes-Weimar seria possível escrever um livro de milhares de páginas, mas ele também pode ser resumido em meia página, ou pouco mais. Neste presente trabalho, ele virá de um modo muito resumido, mesmo porque, como foi dito acima, já tem sido desenvolvido em livros anteriores.

O nome Efeito Ravena, ou Efeito Versalhes-Weimar, que no início era apenas Efeito Versalhes, mudado porque outros estudiosos já haviam usado essa forma mais simplificada para representar outro fenômeno (que era aquele da exportação de costumes e modas), nasceu da comparação das consequências econômicas e sociais da adoção da capital Brasília com a da capital Versalhes, ambas enxergadas como cidades novas, no seu tempo. O esboço original do conceito partia da ideia de que transtornos na vida da sociedade são inevitáveis quando o poder supremo de um país é instalado em cidade recém-construída. Mais à frente, o nome 'Weimar' foi acrescentado ao conceito porque a visão foi ampliada. O transtorno não ocorre apenas sob o influxo de uma cidade nova, mas de qualquer capital sem status secular de residência do líder maior. Também o nome Efeito Weimar foi já utilizado por outros estudiosos para designar o empobrecimento da população sob a ação da hiperinflação, definida por Phillip Cagan como o regime de inflação com taxas maiores que 50% ao mês.

Assim, um país está livre do Efeito Versalhes-Weimar, ou Efeito Ravena, se, primeiro, não sofre influência político-geográfica de um vizinho mais forte, não necessariamente contíguo, que esteja vivendo esse problema - Portugal em relação à França de 1789, por exemplo - e, segundo, tem sua capital hegemônica instalada há pelo menos 120 anos na mesma cidade, a qual adquiriu, então, status secular de capital. Exemplos são o Japão de hoje, mas não o de 1869, com Mutsuhito recém-instalado em Tóquio, a China de hoje, mas não a de 1949, com o Presidente Chiang Kai-Shek instalado em Nanquim, e a América Ianque de hoje, mas não a de 1861, quando da Guerra de Secessão, sob influência de uma capital Washington ainda sem status secular.

Conceito. Como funciona o Efeito Versalhes-Weimar afinal?

Antes de citar casos de países que estão sob o efeito neste início de milênio, é conveniente fazermos um resumo da tese.

A quebra dos laços com os dirigentes da sociedade, na busca por uma nova elite, o que se caracteriza pela mudança do chefe de Estado para outra cidade que não aquela que detém o status de capital secular, inaugura na mente dos cidadãos um estado psicossocial de desprezo aos símbolos consolidados. Praticamente todos os símbolos pátrios, acompanhando a capital abandonada, sofrem esse desgaste, mas o que provoca maior dano é a desvalorização da moeda. Mecanismos podem ser desenvolvidos e implantados com vistas a sufocar a inflação, mas não o impulso inflacionário. Este só desaparece com a desistência da nova residência presidencial, ou com a substituição do status, após 120 anos, como ocorreu com as novas capitais Tóquio e Washington. Ainda que os técnicos encontrem maneiras de controlar inflação, juro e câmbio, resta o problema da liquidez e do crédito, porque o dragão precisa respirar. É pura insanidade querer contornar a situação com medidas de sustentação neopalaciana. Isso era justificável no século XVIII, quando governantes e ministros eram inocentes em relação aos conhecimentos monetários e financeiros.

Esses cortesãos dirigentes da sociedade, que são trocados automaticamente quando o chefe os abandona e vai para uma nova capital, não formam um pequeno grupo de pessoas: eles são a cidade. E mesmo que um tirano maluco decidisse mudar a capital levando todos os habitantes da capital antiga para a nova, estes não estariam em seu habitat, mas, sim, deslocados num novo ambiente, como quaisquer novos-ricos. A substituição da classe social hegemônica do país é inevitável quando se instala uma capital recente.

E aqui está a razão pela qual o efeito não foi notado ao longo da história, pelo menos até 1975: a longevidade de sua ação, que escapa aos paradigmas usuais. Talvez não se venha a descobrir nenhum outro fenômeno de mudança social cujo efeito dure mais de cem anos.

Aplicação. O conceito tem sido verificado na prática?

Quando se descobre um padrão psicossocial, o modo de confirmá-lo é aplicá-lo aos fatos históricos. E quando se trata de algo que traz altos custos é mais confortável fazer isso com situações do passado. A primeira confirmação deu-se através de uma aposta, sem dinheiro envolvido, obviamente. Numa palestra na Faculdade Ibero-americana (Unibero), em São Paulo, o autor afirmou que no ano 476, ano da queda do Império Romano do Ocidente, seguramente a residência imperial não estava instalada em Roma. Como assim? Onde ela estava? Os estudantes perguntaram, mas o autor não sabia, porque os cursos de história nunca estiveram preocupados com o papel social das capitais. Não havia internet ainda. O autor pesquisaria e enviaria a resposta em outro dia. Voltando a casa, uma rápida consulta a manuais trouxe a resposta: Ravena. O imperador Honório havia mudado a residência imperial para aquela cidade em 402. Quando em 476 Rômulo Augústulo foi deposto, perdendo o império para os invasores bárbaros, ele residia em Ravena, não em Roma. Algo que se pode imaginar é que os invasores foram bem recebidos na capital abandonada, Roma. Fato. Foi isso mesmo o que ocorreu, pois os romanos já não aguentavam mais tantas guerras civis, tantas rebeliões provinciais e tanta carestia.

Naquela mesma fase, o autor consultou o Professor Siang Wu Sun, de computação, na USP. Em que cidade estava Chiang Kai-Shek quando os revolucionários de Mao Tsé-Tung entraram em Pequim e tomaram o poder em 1949? Resposta-relâmpago do Professor Sun: Nanquim.

Viena. Afora Versalhes e Weimar, há algum caso realmente notável a que a ideia se aplica?

A mais recente verificação não envolveu terceiros. Foi o caso da Primeira Guerra Mundial. Acontecimentos grandes assim na história moderna sempre envolvem alta de preços. Os manuais dizem que o arquiduque Francisco Ferdinando, herdeiro do trono austro-húngaro, foi assassinado por um ativista nas ruas de Sarajevo e isso desencadeou a guerra. A impressão que os livros deixam na cabeça dos estudantes é que o ativista, louco ou não, tinha alguma antipatia pessoal pelo futuro monarca e o matou. Um anarquista? Talvez. Mas não é comum anarquistas saírem baleando futuros chefes de Estado, só porque não querem viver sob governos constituídos. A coisa era mais razoável (não que crimes se justifiquem): a moeda austro-húngara estava doente. As taxas de inflação cresciam naquele distante 1914. Mas a capital não estava em Viena? Quase!

A imperatriz Elisabeth da Baviera, a famosa Sissi, vinha sendo secundada há muito tempo, pela atriz Katharina Schratt, tida como imperatriz sem coroa, e que era mantida pelo imperador Francisco José I não em Viena, mas na cidade de Bad Ischl. E para os súditos, não importa onde o imperador reside oficialmente, mas onde ele pernoita sistematicamente. O desastre estava montado.

Paris. Como se deu o efeito na própria França, inspiradora da descoberta?

O caso de Versalhes foi base, não objeto de confirmação. Mas para os que imaginam que a Revolução Francesa eclodiu só por causa da pregação de alguns filósofos, e há quem acredite nisso ainda, convém munir-se de dados. Consta que na manhã do dia 14 de julho de 1789 não aconteceu nada de muito especial antes de a multidão tomar a Bastilha e soltar os presos, mas no dia anterior, 13 de julho, o fato importante registrado é que o governo autorizou, por decreto, um aumento de 100% no preço do pão. Enquanto isso, Luís XVI estava no Palácio de Versalhes, vendo Maria Antonieta cuidar das cabras e das rosas dela.

A cidade, obviamente, não tem culpa dos desastres políticos e econômicos: a culpa está na decisão das pessoas. Assim, deve-se registrar que Luís XVI não construiu um cadafalso para si, mas herdou-o indiretamente. A transferência da corte para Versalhes ocorreu no dia 6 de maio de 1682, sob Luís XIV. Pouco mais de um século depois, Luís XVI foi decapitado, não como um bobo, como os cronistas registraram, mas como mártir, pois ele tinha aceitado poucos dias antes a demanda dos revolucionários de reabilitação da residência real no Palácio do Louvre, em Paris. O século fatídico de Versalhes estava encerrado. Certamente, o incômodo que isso criou entre os inimigos das mudanças bruscas, mesmo que restaurativas, somado à onda de decapitações na Praça da Concórdia, levou o pânico ao interior do palácio, fazendo-o arriscar a frustrada e trágica tentativa de fuga para Varrenes. O casal real morreu sem ter podido usufruir a glória de sua decisão de voltar ao Louvre, deixando isso para Napoleão Bonaparte, pois também Robespierre, autor da Lei do Máximo, o congelamento de preços que se constituiria no passo jurídico necessário para debelar definitivamente a inflação, foi igualmente decapitado pouco depois.

Cabe lembrar que Luís XVI não foi o único mártir por Paris. Três séculos antes, Joana D'Arc, aos dezoito anos de idade e com um rastro de sucessivas vitórias contra os ingleses à frente das tropas francesas, decidiu, mesmo sem o apoio formal que até aquele momento vinha tendo de Carlos VII, o delfim que ela fez coroar, retomar Paris para a França. Nesse trajeto, tinha de retomar as cidades que estavam nas mãos dos ingleses e, mesmo tendo recebido a ajuda do exército italiano de Berthelemy Baretta, na batalha pela tomada da cidade de Compiègne ela foi finalmente capturada pelos inimigos, para morrer na fogueira um ano depois, mediante processo contaminado por fraudes.

Goulart. Sob esse efeito, haveria alguma possibilidade de Goulart terminar o mandato?

No Brasil, o início do ano de 1964 encontrou o Presidente João

Goulart às voltas com uma inflação cada vez mais crescente, que vinha corroendo o país desde que Kubitschek decidiu 'rodar a guitarra', isto é, imprimir dinheiro para fazer frente à alta de preços. Imitando seu padrinho político Getúlio Vargas, Goulart também decretou aumento de 100% no salário mínimo. Ao contrário do ato de Vargas, no início dos anos cinquenta, esse aumento de agora não ajudava muito, pois ele apenas cobria inflação passada e adiantava-se a novos repiques que certamente viriam. E eles vieram, fazendo com que o chefe de Estado passasse a governar pisando em ovos. No dia 31 de março de 1964 ele não pegou um voo para o Rio de Janeiro, a capital abandonada alguns anos antes. Voou para Porto Alegre, para juntar-se a seu cunhado Leonel Brizola, ex-governador do Rio Grande do Sul. O boato que circulou entre os conservadores em Brasília é que ele tinha partido para o Uruguai, sem nenhuma comunicação formal. Daí, insuflado pelos governadores dos Estados mais populosos, o Senado decretou sua deposição, na primeira hora da madrugada do 1º de abril.

Havia um caminho estabelecido com vistas a fazer João Goulart completar o mandato que ele herdou de Jânio Quadros quando este renunciou em 1961: o parlamentarismo. Assim como nas semanas que antecederam a posse de Kubitschek, a resistência dos conservadores a aceitar a posse de Goulart era muito grande, tanto no meio civil como no militar. Então o general Ernesto Geisel, chefe da Casa Militar do presidente interino Ranieri Mazzili naqueles agitados dias que se sucederam à renúncia presidencial, apresentou sua saída para o impasse, que era a aceitação da posse com a condição de que o presidente implantasse o parlamentarismo. O acordo se consolidou e Goulart tomou posse, tendo Tancredo Neves como premier, mas, por influência de Brizola, uma cláusula provocativa foi introduzida: em janeiro de 1963 seria convocado um plebiscito para que a população dissesse sim ou não à volta do presidencialismo. Após os curtos mandatos de Tancredo Neves e Hermes Lima na chefia do governo, Goulart, como meio de mostrar que estava aberto à conciliação, empossou no fim de 1962 como premier o senador Auro Soares de Moura Andrade (PSD-SP), um aliado, mas conservador. Este percebeu que governaria por um período muito pequeno, dado que a chance de aprovação do parlamentarismo no plebiscito era muito baixa. Por isso exigiu que o presidente adiasse o plebiscito, sem saber que aquilo era uma questão dogmática na cabeça de Goulart e de Brizola. O presidente não cedeu e o premier desistiu do posto, depois de tê-lo ocupado por apenas 24 horas, tempo insuficiente para incluir sua passagem pelo governo nos livros de história do ensino médio. Goulart convidou então para o posto de premier Francisco de Paula Brochado da Rocha, um seu aliado do Rio Grande do Sul, trazido do meio sindical.

Deposição. Goulart então subestimou o poder destrutivo da inflação?

Em janeiro de 1963, a população se pronunciou pela volta do presidencialismo. Nos quinze meses seguintes, Moura Andrade e seus correligionários entregaram-se à elaboração do plano de deposição do presidente da República, plano esse ajudado por muitas decisões imperiais que o presidente passou a tomar, embalado pelo cacife que ele julgou ter adquirido com a vitória no plebiscito, como a Lei de Remessa de Lucros (que revoltou investidores e governo dos Estados Unidos), a resolução 242 da Sumoc - Superintendência da Moeda e do Crédito - (que jogava a dívida de importação de bens de capital das empresas privadas do país nas costas do Banco do Brasil, transformando dívida particular em dívida pública) e a quebra da hierarquia militar, na confraternização feita com o Clube dos Sargentos sem participação ou anuência dos generais.

Um suicida pode tomar veneno e morrer em seguida de parada cardíaca, ou de parada respiratória. Quem quiser pode acreditar a partir daí que a 'causa mortis' foi a parada, respiratória ou cardíaca. Mas quem acompanhou o processo e quem fez a autópsia no Instituto Médico Legal sabem que a morte foi provocada pelo veneno. Do mesmo modo, os que têm plena convicção de que João Goulart foi derrubado só por causa da maldade dos conservadores, têm todo o direito de continuar a crer nisso. A causa verdadeira, porém, foi a mesma que derrubou o Império Romano e o Império Austro-Húngaro e que arrancou do poder Luís XVI e Chiang Kai-Shek: inflação.

Quem não acreditar nisso, com muito menos razão poderá acreditar que esses e outros inúmeros casos de derrocada ocorreram por causa de mudança de capital, o Efeito Ravena. Ninguém é obrigado a acreditar no que não quer, mas não pode alegar desde então que o aviso não tenha sido dado.

Histórico. É difícil fazer uma relação das tragédias que tiveram por base o efeito?

Desde muito antes da introdução do papel-moeda na economia, o que ocorreu na China em 12 de janeiro de 1024, a carestia atormentava os povos, embora a inflação fosse dificultada pela pequena possibilidade de reposição da moeda. Mas, ao contrário do que alguns economistas dão a entender, o lançamento do papel-moeda não trouxe inflação nas primeiras décadas. Só um século depois, em 1127, registrou-se pela primeira vez a perda de valor da moeda chinesa. Isso se deveu à mudança da capital, de Kaifeng para Hangzhou, naquele mesmo ano, quando a dinastia Jin incorporou o norte chinês e obrigou a dinastia Song a deslocar-se para o sul. Foi, portanto, em função de derrota militar, que desalojou o imperador de sua residência, e não por algum ímpeto faraônico de construção de capital nova que a inflação da China corroeu e comprometeu por vários séculos sua importante invenção, que foi o papel-moeda.

Tomando tanto os casos de carestia devastadora quanto os de inflação, o histórico de quedas de impérios ou imperadores forçadas pelo Efeito Ravena inclui pelo menos os casos abaixo.

1353 a.C. - Reinado de Aquenáton, em Áton (Amarna), que arruinou o Egito.

931 a.C. - Divisão, após Salomão, do reino cuja capital David instalou em Jerusalém.

323 a.C. - Morte de Alexandre na nova capital Alexandria, e esfacelamento do império.

476 - Queda do Império Romano, com a residência imperial em Ravena desde 402.

1561 - Residência de Felipe II em Madrid, 1561, e 'Revolução dos Preços' em 1568.

1800 - Construção de Washington-DC, incendiada em 1812, com secessão em 1861.

1682 - Instalação da corte francesa em Versalhes, que levou à Revolução em 1789.

1869 - Transferência da capital do Japão para Tóquio, seguida de diásporas e guerras.

1919 – Início da República de Weimar, que trouxe hiperinflação e levou ao nazismo.

1946 - Refúgio presidencial no Lago Balaton, Hungria, com maior inflação da história.

1949 - Presidência da China em Nanquim, provocando hiperinflação e revolução.

1994 - Capitais itinerantes nos Bálcãs, pós-Tito, com hiperinflação e guerra da Bósnia.

Atualidade. Quem está vivendo nestes dias o Efeito Versalhes-Weimar?

O caso mais recente de Efeito Ravena é a União Europeia, que depois de se tornar uma união monetária decidiu formar uma federação de fato, com a eleição de um presidente. Ora, a residência presidencial da União Europeia foi instalada na capital administrativa, Bruxelas, que é uma capital com status secundário na Europa ocidental. O presidente teria de residir em Paris, talvez Berlim, se é que os europeus reconhecem mais a capital alemã como sua principal capital entre os estados-membros. Antes deste caso, tivemos Abuja, 1991, na Nigéria, e Borrowdale Brook, 2006, no Zimbábue. E entre eles o caso de Nepiedó (Naypyidaw), 2005, a nova capital de Miamar (ex-Birmânia), país que, como o Brasil e a Turquia, passou por um prolongado regime militar. A capital da Turquia, Ancara, funciona na mesma cidade desde 1923, e está quase em vias de consolidar-se.

Para alívio dos que defendem a manutenção das novas capitais, veio a solução do 'Enigma de Berlim', em 1993. Decifrou-se o motivo pelo qual a capital Bon, que funcionou durante os anos da República Federal da Alemanha, separada da República Democrática Alemã, não trouxe o transtorno da inflação. Bon não tinha status de capital, e, no entanto, não se verificou nela o Efeito Ravena. A explicação é: a nova capital só é danosa quando se instala nela o chefe de Estado. O premier e todo o restante do governo podem manter-se nela, sem problema. No caso alemão, o presidente da República sempre se manteve em Berlim, mesmo com o muro que separava a parte oriental da parte ocidental, e que foi derrubado em 1989. Por isso, para a União Europeia, não há necessidade de retirar o Parlamento Europeu ou a Comissão Administrativa da cidade de Bruxelas. Basta tirar de lá a residência do presidente do Conselho Europeu.

Para a Nigéria, basta instalar o presidente em Lagos. O Zimbábue, que desistiu de ter moeda própria, precisa simplesmente devolver a presidência a seu antigo palácio, em Harare. Também o presidente de Miamar só precisa voltar à capital antiga, Rangum. E, para o Brasil, é só instalar a residência presidencial no Rio de Janeiro, mantendo todo o restante do governo em Brasília, regido pelo ministro-chefe da Casa Civil.

4. Das vantagens

Virtudes. Há virtudes brasileiras que se possam identificar como capital social valioso?

Todos sabem que o Brasil nunca se fez respeitar como país porque falta algo sutil, que precisa ser explicitado, não porque não tenha altíssimas potencialidades.

As vantagens do país são inúmeras, e muitas delas são vistas pelos brasileiros como coisa errada, coisa que traz vergonha, só porque não reproduz os rituais ou os desenhos do modelo, que antes era a França e hoje são os Estados Unidos. Poucos se dão conta de que os Estados Unidos são muitíssimo superiores em tecnologia, e, portanto, em riquezas materiais, mas estão muito atrás do Brasil em muitos aspectos da organização jurídico-política.

No âmbito puramente psicológico, que vem da história e da cultura do país, convém reproduzir aqui o que já foi publicado há alguns anos na internet (basta digitar num engenho de busca "Estigma de Pindorama"), que é o conjunto de virtudes comuns à quase totalidade dos brasileiros, identificadas por intelectuais insuspeitos.

1. *Coragem* (Rui Barbosa);
2. *Fé* (Adélia Prado);
3. *Paciência* (Alberto Moravia);
4. *Sensibilidade* (Darcy Ribeiro);
5. *Generosidade* (Dom Paulo Evaristo Arns);
6. *Cordialidade* (Sérgio Buarque de Holanda);
7. *Alegria* (Mário de Andrade);
8. *Diligência* (Roberto DaMatta);
9. *Tolerância* (Stefan Zweig);
10. *Receptividade* (José Bonifácio de Andrada e Silva).

Bonifácio ainda acrescenta outros dez aspectos comportamentais, afirmando que os brasileiros são: (a) entusiastas do ideal; (b) amigos da liberdade; (c) inimigos do arbítrio; (d) talentosos, mesmo quando sem instrução; (e) imaginativos; (f) cultivadores de novidades enobrecedoras; (g) generosos; (h) capazes de grandes ações, ainda que não sistematizadas; (i) apaixonados por sexo; (j) empreendedores, embora dificilmente concluam projetos.

Se as lideranças brasileiras souberem canalizar essas virtudes, fazendo-as convergir para fins positivos, identificando, para neutralizar, defeitos e gargalos, então a América do Sul poderá despontar como objeto de admiração dos outros povos do mundo.

Cabedal. Que instituições do país são boas e corretas e o brasileiro não sabe valorizar?

Muitas das vantagens brasileiras são destratadas porque são vistas por muitos como fardos. Outras são desprezadas porque nem são percebidas, ao mesmo tempo em que se cultivam tóxicas damas-da-noite como se fossem bálsamo.

Vamos apresentar aqui uma relação de instituições consolidadas que precisam ser valorizadas e defendidas pelos brasileiros, em lugar de sofrer escárnio e apedrejamentos: a) mandatos quadrienais, b) mobilidade governamental, c) bianualidade eleitoral, d) parlamento ininterrupto, e) voto 'compulsório', f) eleição proporcional, g) financiamento eleitoral, h) liberdade, i) paz, j) ensino oficial, k) malha hidro-rodoferroviária, l) hidrelétricas potentes, m) cultura rica, n) capacidade esportiva, o) disposição cognitiva, p) superparque agropecuário, q) aquíferos gigantes, r) riquezas minerais, s) diversidade climática, t) natureza exuberante.

Os itens de (a) até (l) foram construídos através do esforço de governantes e parlamentares, com o apoio da sociedade civil. Os itens (m), (n) e (o) são características da população, construídas a partir da herança dos colonizadores, de todas as origens. Já os cinco pontos restantes, (p), (q), (r), (s) e (t), são dádivas dos céus, que indígenas, europeus, africanos, semitas e asiáticos aqui encontraram, como prêmio por sua viagem até este chão.

Mostramos agora o significado e o valor de cada um desses pontos.

Quadriênios. Por que os vinte itens acima são tão importantes?

O período de quatro anos para os mandatos governamentais e parlamentares não se desenhou apenas nos últimos anos ou nas últimas décadas, mas é resultado desses séculos todos em que o sistema democrático vem sendo aperfeiçoado desde que Péricles o lançou na Grécia Antiga. Em dois milênios e meio de experiência política, a humanidade aprendeu que o quadriênio é o máximo período ótimo. Muitos governantes, por interesse pessoal, tratam de esticá-lo, como fez o Presidente Wladimir Putin na Rússia, que mudou de quatro para seis anos o mandato presidencial. Esse tipo de medida é tomado em muitos lugares e em várias épocas, mas vigora enquanto seu autor dispõe de poder para garanti-lo. A França já cultivou mandatos presidenciais de sete anos, tendo, por exemplo, o Presidente Miterrand por 14 anos sentado na curul do Eliseu, por ter sido reeleito. Mais à frente, o Presidente Sarkozy reduziu o período para cinco anos, com possibilidade de uma reeleição, que ele mesmo não conseguiu usufruir. O Brasil estabeleceu há muitas décadas o mandato quadrienal para a presidência, período desrespeitado na Revolução de 1930. A Constituição de 1946 fixou em cinco anos o mandato, e isto só veio a ser alterado com a presidência Figueiredo, uma vez que o Presidente Geisel mudou o período de cinco para seis anos para seus sucessores. Em 1985, o Presidente José Sarney restaurou o mandato quadrienal, mas no meio de sua gestão converteu-se ao quinquênio e fez o parlamento aprovar a volta desse modelo. Ele foi porém o único a presidir o país por cinco anos desde Geisel, pois a Constituição de 1988 retomou a fórmula quadrienal. Finalmente, em 1997, o Presidente FHC, após fazer aprovar dezenas de emendas inócuas à Constituição, com o fito de abrir caminho para seu projeto de vida, que era a instalação da reeleição, fez aprovar o estatuto da reeleição para os cargos executivos eletivos. Os políticos, contudo, precisam conscientizar-se do seguinte fato: mandato maior que quatro anos é grande demais para um governante responsável aguentar, e é também tempo demais para um país aguentar um chefe irresponsável. As responsabilidades dos líderes precisam ser compartilhadas, e todo indivíduo sensato deve enxergar que o cetro deve ser passado a outras mãos após sua valiosa contribuição democrática como chefe de Estado. Karl Manhein denomina 'contradição da democracia' o fenômeno que se observa na situação em que um governante recebe a notícia de que foi eleito: ele, que era um entre os teoricamente iguais antes da apuração, deixa imediatamente de ser um igual após ser eleito. Esta é a contradição: todos são iguais, mas só até que se revele o nome daquele que deixa de ser igual. Em situação de reeleição, tem-se um concorrente que já não é igual, por natureza. Portanto, o expediente da reeleição para cargos de chefia é absolutamente antidemocrático. O mandato quadrienal é um patrimônio, que brasileiros precisam defender, de preferência livrando-o do expediente comprometedor da reeleição.

Mobilidade. Tem grande valor para a democracia a troca de governantes?

É de extrema importância o estatuto da troca periódica de nomes na chefia de Estado. Tal mobilidade é essencial para que haja mobilidade social. Os sistemas de castas só se desenvolveram em certas sociedades porque a população vivia sob o regime da chefia vitalícia. Se o chefe de Estado podia ser o mesmo durante sua vida inteira, com mais razão a condição social de um ou outro súdito deveria manter-se inalterada, vitaliciamente. Apenas a substituição periódica do chefe supremo, preferencialmente de forma quadrienal, garantirá no futuro a abolição completa do resquício das castas, em qualquer sociedade no mundo. Todos os países que viveram sob regimes monárquicos carregam esse ranço nas suas relações sociais. Por isso, é importante que não se subestime a lição que os Estados Unidos podem dar a esse respeito. As análises sobre o tema deixadas por Tocqueville e Stuart Mill, vistas com olhar estrangeiro, e por Thomas Jefferson, vistas de dentro, são valiosíssimas.

No Brasil, desde a queda da monarquia, em 1889, apenas Getúlio Vargas, encantado pelos regimes fascistas na Europa, buscou desrespeitar esse compromisso da troca de comando na chefia de Estado. E mesmo quando de sua volta, eleito 'pelo povo', declarou que do Palácio do Catete só sairia morto, quando a UDN o instou a renunciar, após o assassinato do major Rubens Florentino Vaz, auxiliar de Carlos Lacerda, por tiro desferido pelo chefe da segurança pessoal do presidente, Gregório Fortunato, segundo revelado por investigações posteriores. De fato, saiu morto do palácio, por suicídio, mas deixou a suspeita de que sua declaração poderia significar que ele tentaria perpetuar-se no cargo, de alguma maneira, como fez o Generalíssimo Franco na Espanha, como remanescente dos anos nazi-fascistas.

É necessário que os brasileiros interpretem essas pretensões de Vargas como ponto fora da curva, para que valorizem com unhas e dentes esse patrimônio nacional que é o respeito ao limite de mandatos. E isso não é uma jabuticaba, uma fruta endêmica, mas um grande achado, vital para toda a humanidade.

Bianualidade. É importante respeitar a periodicidade regular das eleições?

Desde o ajuste final acertado na Constituição de 1988, as eleições brasileiras foram regularizadas, após muito custo, para acontecerem de forma bianual, com eleições municipais nos anos bissextos, e eleições federais nos anos pares não-bissextos, sempre no mês de outubro. Muitos políticos que arriscam emendas constitucionais para quebrar essa regularidade veem como bobagem o esforço que o país fez para atingir esse estágio. Em três eleições, necessárias para o acerto de mandatos de modo a se chegar à bianualidade, ocorreram votações para todos os cargos da República à exceção do de presidente. Num único dia de outubro, nos anos de 1982, 1986 e 1988 - e a eleição brasileira, quando não há segundo turno, faz-se num único dia de outubro, o que significa também um grande ganho -, os eleitores sofreram nas filas das seções eleitorais até as 20 h, não até as 17 h, como sempre costuma acontecer. Pois não era fácil votar numa mesma sentada para senador, deputado federal, deputado estadual, governador, prefeito e vereador. E foi isso o que o eleitor fez naquelas eleições, que ainda eram manuais.

A maior vantagem dessa regularidade bianual é que o eleitor sabe que em cada ano bissexto ele é chamado para renovar os mandatos municipais, e, nos anos pares não-bissextos, os mandatos de deputados federais, senadores, governadores e presidentes. Se passar o mês de outubro de um ano par e a convocação não for feita, o eleitor saberá que algo muito grave está ocorrendo no sistema político. Mal comparando, seria como chegar ao dia 25 de dezembro de qualquer ano e ver que as lojas não apresentaram decoração de Natal e que toda referência a Papai Noel e à festa natalina foi proibida.

Os brasileiros precisam lutar sempre para manter essa regularidade bianual, que faz parte da saúde democrática, do pouco que se tem até agora no país de normalidade democrática e cidadã.

Parlamento. São sadios os ataques verbais dirigidos contra o Congresso Nacional?

Enquanto os eleitores dos Estados Unidos vêm acusando os membros de seu parlamento nacional de 'Congresso Fazedor de

Nada', no Brasil os parlamentares também são muito criticados, mas por fazerem muito, e muito errado. É difícil saber o que é pior. Mas as críticas brasileiras beiram a intolerância. Os parlamentares federais são desrespeitados e tachados de corruptos, independentemente de merecerem ou não a acusação. Uma das propostas mais discutidas nas rodas populares é a da redução do número de deputados federais dos 513 atuais para menos de metade disso. E grande parte dos eleitores prega simplesmente a abolição do parlamento. Sim, estando a presidência da República em capital nova, as instituições são mesmo desprezadas, mas o parlamento sofre um ataque sistemático muito desproporcional às suas responsabilidades.

A existência do parlamento, em pleno funcionamento, para o mal ou para o bem, é garantia de democracia, mesmo que seja de democracia-relativa, como ocorreu durante o regime militar. O regime Pinochet o dispensou, no Chile, e na Alemanha nazista ele existia apenas como enfeite, depois que algum esperto trouxe para o *führer* o expediente do decreto-lei.

Em toda a história da República no Brasil, o parlamento sofreu apenas períodos curtos de interrupção. No regime militar, embora muitos parlamentares tenham sido cassados, o Congresso Nacional foi fechado por prazos muito curtos, a última vez tendo sido em abril de 1977, quando o Presidente Geisel editou o famoso 'pacote de abril', que introduzia alguns itens anacrônicos, logo descartados, como a imposição do senador indicado, mas que iniciava a desmontagem do próprio regime militar. Quando o Congresso Nacional foi reaberto, um mês depois, o país teve a certeza de que passaria a viver uma nova era. De fato, desde então, nunca mais o parlamento brasileiro foi fechado autoritariamente, e espera-se que nunca mais isso venha a ocorrer. Se, por infortúnio, essa expectativa se frustrar, os brasileiros podem ter certeza de que um grande retrocesso político tomou lugar.

Os parlamentares precisam ser criticados sempre, com responsabilidade e espírito público. Mas o parlamento tem de ser respeitado, e tem de ser apreciado pela população como instituição fundamental para a garantia das liberdades públicas.

Compulsório. Não deveríamos voltar ao sistema de comparecimento voluntário às urnas?

Assim como os parlamentares são duramente criticados, também se reclama muito no Brasil contra a branda obrigatoriedade do voto. É branda a obrigatoriedade porque a multa para os que infringem a norma é irrisória, custo de um ou dois cafezinhos, e a punição para quem não regularizar a própria situação eleitoral pesa um pouco sobre funcionários públicos, mas é praticamente inexistente para os trabalhadores do setor privado. Se o eleitor não votar, nem justificar sua falta, ficará impedido de renovar seu passaporte, não podendo viajar ao exterior, enquanto não sanar sua pendência frente ao tribunal eleitoral. Se quiser tomar posse em algum cargo público, precisa também comprovar que votou na eleição mais recente. Deixando de votar, nenhum eleitor será preso por isso, nem deixará de ser réu primário. A sanção é de fato muito pequena, e não precisa ser mais dura. Ela existe apenas como forma de pressão. Tanto que as eleições mais concorridas conseguem levar às urnas um máximo de 2/3 dos eleitores registrados, ou pouco mais que isso.

Como alguns juristas costumam lembrar, o direito de voto não é um direito subjetivo, algo de que o cidadão pode dispensar quando queira, mas uma obrigação social.

O eleitor brasileiro não é obrigado a sufragar nenhum partido ou candidato. Ele apenas tem de comparecer à seção eleitoral, segundo a legislação, para assinar e marcar seu voto, que pode ser válido, branco ou nulo, conforme sua vontade.

Essa obrigatoriedade foi introduzida como mecanismo de superação da praga antiga chamada 'voto de cabresto', em que os coronéis levavam às urnas os eleitores que eles escolhiam, e estes tinham de votar em quem eles mandavam. A obrigatoriedade para todos neutralizou esse poder dos coronéis. E esse poder existiu, e voltará a existir, pelo fato de que os brasileiros não se dispõem a cumprir sua obrigação eleitoral se não forem submetidos a nenhuma forma de coerção. Se a obrigatoriedade for abolida, como querem alguns eleitores encantados com as notícias que ouvem sobre os modelos eleitorais dos Estados Unidos e da França, uma primeira eleição contará com uns 50% de comparecimento dos cidadãos registrados para votar, mas nas eleições seguintes o número cairá, até estabilizar-se no nível dos 20%. A única motivação para se fazer essa experiência totalmente desnecessária é a mania de imitar, por imitar, qualquer coisa que ouvem que ocorre em países mais ricos. A votação voluntária desses países é algo antigo e antiquado, como é nos Estados Unidos a paixão pelas escolas 'pagas' (não leram Condorcet).

Proporcional. Por que não deveria ser restaurado o voto distrital no Brasil?

O voto proporcional é também muito criticado por motivo muito parecido com o do voto compulsório. A alternativa é o voto distrital, em alguns casos temperado como 'voto distrital misto'.

Em geral, à exceção dos conservadores empedernidos, como Pinochet, que restaurou o voto distrital no Chile, os eleitores que defendem esse modelo eleitoral não têm uma ideia clara de seu funcionamento.

O voto distrital é o modelo original de votação, criado na Grécia Antiga, porque ninguém tinha conseguido imaginar outro. É esse sistema que vigora até hoje nos Estados Unidos e na Inglaterra, mas não na França e na Itália.

Nele, os tribunais eleitorais dividem o país em 'distritos eleitorais', que não são os distritos regionais em que os eleitores vivem e com os quais estão acostumados. Um 'distrito eleitoral' é o feudo de um cacique regional. Por exemplo, se o Brasil restaurar hoje esse sistema, haverá 513 distritos eleitorais no país para efeito de votação para a Câmara Federal. Cada distrito desses elegerá um único representante, o dono de uma das 513 cadeiras, descartando todos os outros concorrentes da região. Dividindo o número de municípios pelo número de cadeiras na Câmara, vê-se que, em média, cada distrito conterá onze municípios. Na prática, pela densidade populacional, uns distritos terão menos de onze e outros terão mais.

Esses caciques regionais, que abocanham a única vaga disponível para seu distrito eleitoral, são em geral figuras que detêm alguma expressão em seu feudo, mas nada além disso. Está aí a explicação para o apelido do parlamento dos Estados Unidos, de 'Fazedor de Nada'. Um deputado federal no sistema distrital só se transforma em político de expressão estadual, ou nacional, quando se elege presidente da casa, ou quando, por infortúnio, passa por alguma tragédia, como ocorreu com a simpática Gabrielle Giffords, que foi baleada num comício em seu distrito no Arizona.

Há duas vantagens nesse sistema: a eleição do deputado é mais barata e ele é alguém fisicamente próximo a seus eleitores. As vantagens se encerram aí, e são ilusórias.

Quando o Brasil saiu desse sistema, em 1946, e elegeu seu primeiro parlamento proporcional, levou ao Congresso Nacional figuras como o escritor Jorge Amado e o diplomata Afonso Arinos. Hoje o parlamento é composto por ex-reitores de universidades, ex-prefeitos, ex-governadores, escritores, atores, músicos, comediantes, policiais notáveis, juristas renomados e muitas outras figuras de expressão. Há, obviamente, muitos deputados inexpressivos, eleitos no vácuo dos votos de coligação, ou simplesmente na sobra dos puxadores de voto, mas este é o preço a pagar para se ter um parlamento constituído por figuras importantes. Nem todas as pessoas famosas têm algum mérito, além da própria fama. Alguns deputados do sistema proporcional estão nessa categoria. Mas entre todas as variadas críticas que os brasileiros fazem a seus deputados hoje, nenhuma delas inclui o fato de serem eles pessoas apagadas, que ninguém sabe quem é, fora do feudo que o enviou ao parlamento.

Por isso é que os parlamentares brasileiros produzem demais. E o país apenas precisa criar mecanismos para cerceá-los nisso. Eles entendem que são pagos para criar leis novas, em quantidade, e isso é resultado de falta de educação política na sociedade. O país só precisa de leis boas. Curtas, simples, eficazes, mas boas leis. E na quantidade mínima necessária.

Quanto ao voto proporcional, ele não é algo simples de entender, como é o distrital, inventado em época em que nem se podia sonhar com os métodos aritméticos sofisticados que os tribunais eleitorais usam hoje nas eleições proporcionais. O modelo, inspirado em ideias de Charles Lennox, 3º Duque de Richmond, e John Stuart Mill, foi apresentado em livro publicado em Paris no ano de 1870, pelo físico belga J. Borely. A Bélgica foi o primeiro país que o adotou, em 1899. Quando Hitler se elegeu, em 1932, por voto semi-proporcional, o novo modelo era desconhecido por quase todo o mundo. O Presidente Hindenburg cancelou as eleições, inconformado com o resultado, e convocou novo pleito, num sistema proporcional muito falho e incipiente (eram 35 distritos eleitorais, elegendo 28 partidos). Os eleitores voltaram as urnas para eleger de novo... Hitler, que apenas baixou seu número de cadeiras no parlamento de 37% para 32%, mas mantendo a maioria relativa. Hindenburg deu posse a Hitler em 1933, e, logo que morreu, em 1934, teve seu cargo de presidente absorvido pelo austríaco, que se tornou chefe absoluto de Estado e de governo na Alemanha.

Campanha. O poder público deve financiar integralmente as campanhas eleitorais?

É estranho como os políticos discutem um possível futuro advento do financiamento público de campanhas do Brasil sem que sejam alertados de que isso já é norma, desde o governo João Goulart. Naquele governo instituiu-se que as empresas de televisão e rádio são ressarcidas das perdas dos horários cedidos à propaganda eleitoral dos candidatos. Na prática, o governo arca com a parte maior dos gastos das campanhas, que é o pagamento dos horários de TV. Nos Estados Unidos, só os candidatos ricos, ou que conseguem bons aportes no mercado, podem fazer campanha na TV, porque lá não há o 'horário gratuito'.

Há também o fundo partidário, que é mantido com verbas públicas, que financiam, inclusive, os partidos de desempenho pífio, alguns deles criados só como instrumentos de negociata.

Mesmo assim, bancos e empresas de construção civil despejam muito dinheiro nas campanhas dos candidatos de sua preferência. Muitos políticos querem que um pretenso futuro financiamento público substitua essa fonte extra de recursos, sem perceber a dimensão do rombo que sua proposta causará ao tesouro. Para o financiamento exclusivamente público, basta que o fundo partidário ganhe uma substância maior e que a distribuição das verbas entre os partidos seja mais racional. Os próprios partidos devem encarregar-se da impressão de material publicitário para os candidatos, e os gastos com viagens (não aéreas) devem ser ressarcidos mediante apresentação de notas fiscais depois da eleição.

Sim, o 'horário gratuito' na TV e no rádio, garantido pelo poder público, é um excelente patrimônio democrático, que os brasileiros devem defender e jamais permitir que ameacem.

Liberdade. O Brasil é hoje um país que cultiva a liberdade?

A Constituição de 1988 consolidou e garantiu no país o respeito ao cultivo da cidadania e a consciência do valor do usufruto da liberdade. Seu artigo quinto, que faz parte das cláusulas pétreas, que não podem ser alteradas, oferece aos brasileiros o instrumento jurídico básico a representar a síntese de seus direitos e deveres, confirmando a liberdade política como um dos bens mais sagrados do cidadão.

O direito de ir e vir, a liberdade de expressão, a garantia de 'habeas corpus', o direito de defesa ante os tribunais, o direito de participação política, as garantias trabalhistas e o acesso universal aos sistemas de educação básica e de saúde são ganhos que os brasileiros obtiveram, conhecem bem e não toleram que lhes queiram subtrair.

Contudo, manter um tal status demanda militância cidadã e perspicácia. Cochilar em relação às conquistas sociais é um grande risco, em qualquer tempo e lugar. Para contribuir com isso é que este capítulo foi escrito. Se os brasileiros não tiverem consciência dos avanços que já obtiveram, das vantagens de que já dispõem, aceitando lançá-las fora porque imaginam que elas são causa de inferioridade ou de vergonha, então o país não se viabilizará nunca, submetendo-se a retrocessos periódicos e fazendo crescer a desconfiança internacional sobre suas promessas.

Um exemplo de instituição sadia que os brasileiros têm é o fato de as polícias serem estaduais, e não municipais. Se atualmente os policiais apresentam casos de má conduta, ou trato difícil, isso se deve à situação de calamidade do sistema de educação básica, não ao modelo de estadualização. As guardas municipais, que Jânio Quadros trouxe ao país quando de sua última passagem pela prefeitura de São Paulo, são uma temeridade, um risco imenso às garantias do artigo quinto. A municipalização é boa em certos aspectos, mas terrível em outros. Com polícias municipais, um décimo da população adulta dos Estados Unidos está na cadeia. Na China, quando os tribunais de âmbito municipal podiam decretar pena de morte e execução, as cidades assistiam a filas enormes de infelizes que se submetiam ao corredor da morte, exatamente como os bois nos matadouros, com as balas usadas para a matança sendo cobradas das famílias dos condenados, numa mostra de como o poder público era miserável. Finalmente, o Presidente Hu Jintao assinou lei restringindo aos tribunais federais a prerrogativa de decretar sentença de morte, numa das maiores revoluções da história chinesa em sua caminhada rumo à civilização. Já o presidente Xi Jinping tem-se revelado um dogmático e talvez não avance nessa política.

As guardas municipais precisam ser transformadas urgentemente em corpos de assistentes sociais e em corpos de bombeiros municipais, por todos os prefeitos conscientes, fugindo da pregação de alguns vendedores de sangue dos programas televisivos das seis da tarde. Este é um caminho necessário para que os brasileiros não joguem no lixo sua liberdade tão duramente conquistada. E o Congresso Nacional precisa revogar logo a lei que permitiu o uso de armas de fogo por essas guardas. Não se pode brincar com o fascismo, nem escancarar os dentes frente a ele.

Paz. Brasileiros e sul-americanos sempre foram pacíficos?

Hoje, vivemos em harmonia na América do Sul. Os preconceitos provinciais, de 'barrigas-verdes' contra 'cabeças-chatas', de biribas contra baianos, de farroupilhas contra maragatos, de brasileiros contra argentinos e de caboclos contra índios não são motivos para guerra civil, como tem acontecido ainda no Oriente Médio e como já aconteceu em outros séculos na própria América do Sul. Não somos naturalmente pacíficos, como de resto nenhum povo o é, embora muitos venham ultimamente acreditando nisso. Temos paz política porque a construímos ao longo da história. E o banditismo nos conflitos do campo e na periferia das grandes cidades, com crescimento proporcional ao do avanço de religiões incultas e mal-planejadas (seguramente, a igreja dos pais do leitor é melhor, seja qual for), mostra que na raiz os povos sul-americanos são tão violentos quanto quaisquer outros no planeta.

Uma professora de história calculou e chegou à conclusão de que de cada três anos, vividos pelos habitantes do Brasil antes da República, dois anos eram de guerra. Isto significa que éramos mais guerreiros que pacíficos. O Brasil construiu a paz à custa de muita transformação política, e esta ainda está em curso.

Viabilizar a organização política da América do Sul significará legar ao mundo o exemplo maior de caminho de progresso para a humanidade. Os brasileiros e todos os irmãos da vizinhança precisam estar alertados quanto a isso.

Escolas. O Brasil já teve uma boa rede de ensino básico?

Este autor já escreveu em várias situações e já publicou em livro uma verdade de que pouca gente se deu conta: o Brasil tinha o melhor sistema escolar oficial do mundo, até o início dos anos oitenta.

Ele era diversificado, sim, porque isso é natural em todo processo de qualidade - se tudo ficar rigorosamente semelhante é porque nada presta - a não ser que se esteja falando de aparelho eletrônico da mesma série ou algo do tipo. O problema todos conhecem: não contemplava toda a população. Uma parcela demasiadamente substanciosa ficava fora dele.

Quando os governos decidiram ampliar o sistema para todos, então os demagogos e os mal-intencionados entraram em campo para fazer o estrago bem conhecido.

Também a construção dessa melhor escola não foi obra de gente medíocre, nem surgiu naturalmente. Fernando de Azevedo, Anísio Teixeira, Mário de Andrade, Heitor Villa-Lobos, Cecília Meireles e Darcy Ribeiro estão entre os intelectuais responsáveis pelo desenho desse complexo. Eles construíram aos poucos o modelo escolar que veio a ser aprovado na Lei de Diretrizes e Bases de 1961 (LDB-61). E trabalharam sobre o modelo deixado por Benjamin Constant Botelho de Magalhães no início da República, com o currículo voltado para as ciências básicas (Matemática, Física, Química e Biologia), um patrimônio cujo imenso valor os brasileiros precisam parar de subestimar.

Todos sabem que o Brasil é pentacampeão mundial de futebol, mas poucos sabem que o país é também hexacampeão mundial de Matemática, com prêmios obtidos na Olimpíada Internacional de Matemática, aplicada a alunos do terceiro ano do ensino médio. Isso é fruto de um tempo em que o sistema escolar era bom, e nenhum país do mundo chegou perto do Brasil nisso. Atualmente, sob a vigência mítica do populismo demagógico, o Brasil logo será deixado para trás, ultrapassado por outro país, provavelmente a Finlândia ou a China.

Os esforços para resgatar o ensino precisam ser abraçados por todos. Para isso é preciso ir neutralizando a demagogia, até sua completa incineração.

Ferrovias. As ferrovias, hidrovias e rodovias brasileiras recebem a atenção merecida?

O Brasil tinha muitas ferrovias e estava caminhando para ter uma malha ferroviária abrangente, para garantir o progresso em vários sentidos. No governo Kubitschek, vários projetos foram cancelados, como o da Ferrovia Transnordestina, para abrir espaço para o modelo rodoviário.

Muitas vezes as coisas mais baratas e eficientes não são as mais adotadas. O transporte ferroviário é dez vezes mais caro que o aquático, mas o rodoviário é simplesmente trinta vezes mais caro que o ferroviário.

Contudo, o país ainda tem uma rede de ferrovias de grande monta, embora algumas estradas tenham sido destruídas. Só nos últimos anos é que os governos vêm retomando a ampliação desse modelo de transporte. Ferrovias e hidrovias são grandes propulsoras de desenvolvimento, mas a frivolidade de muitos governantes deixou-as em último plano. Muitas cidades de grande pujança, principalmente no interior de São Paulo, foram reduzidas à metade, ou chegaram a quase desaparecer, pelo abandono que o país devotou às ferrovias nas últimas décadas. É uma grande riqueza, construída em outros tempos, mas quase totalmente desprezada.

Sem descuidar das rodovias existentes, é necessário tratar com zelo e seriedade o sistema ferroviário, assim como o hidroviário. E o país tem de investir muito nessas áreas, construindo novas vias.

Hidrelétricas. Hidrelétricas são uma riqueza sadia para o Brasil?

O Brasil não corre risco de gerar energia insuficiente para sua demanda. O que pode faltar são linhas de transmissão para levar eletricidade em abundância a todos os pontos. Em lugar de gastar forças contra a construção das hidrelétricas em andamento, o movimento ambiental deveria trabalhar para que não sejam construídas novas usinas nucleares de fissão. Enquanto não se viabilizarem as usinas de fusão, os projetos nucleares de fissão deveriam ser todos suspensos, e não só no Brasil, pois representam perigo sem conta.

Com a construção da Usina de Itaipu, no início dos anos setenta, conforme projeto do governo João Goulart, um grande bem natural foi eliminado do mapa, o Salto de Sete Quedas (ou Saltos do Guaíra), que era a maior cachoeira do mundo em volume de água. Se o movimento ambiental estivesse fortalecido na época, talvez tivesse conseguido impedir a obra. Foi uma grande perda, mas ela ocorreu em troca da garantia de fornecimento de energia para residências e indústrias que não teria outro substituto a não ser o uso das usinas atômicas, ou a proliferação das insanas usinas térmicas.

É claro que quem tem horror ao progresso tecnológico abomina essa criação de Nikola Tesla, a hidrelétrica, mas as campanhas contrárias são, na maioria das vezes, feitas com o uso de aparelhos ligados na tomada.

Hidrelétricas são, sim, um patrimônio valiosíssimo, em termos materiais e humanos.

Cultura. O Brasil já se destacou nas artes alguma vez?

A arte brasileira teve seus dias de glória. Das sinfonias de José Maurício Nunes Garcia, no começo do século XIX, aos murais de Portinari e às suítes de Villa-Lobos, o mundo não passava ao largo da presença brasileira. A era de ouro, logo soterrada pelas decisões políticas, foi a bossa nova, em seu nascedouro. Em 2005, um importante portal da internet classificou as dez canções mais baixadas no mundo para telefone celular. Três delas eram brasileiras, e todas dos anos cinquenta: *Caminho do Sol*, *O Barquinho* e *Garota de Ipanema*. Sob o custo Brasília tudo se deteriorou, embora internamente poucos tenham percebido. Em 1971, a Reforma do Ensino Médio aboliu do ensino básico ginasial a disciplina Canto Orfeônico, que Villa-Lobos havia conseguido introduzir no currículo nacional depois de muita luta, como maneira de ensinar teoria musical aos adolescentes. A intenção da eliminação da matéria era que o conteúdo fosse incorporado à nova disciplina Educação Artística, fato que, previsivelmente, nunca ocorreu. Em 2009, o Congresso Nacional aprovou a volta da música às escolas, mas foi vítima de uma travessura inusitada. Antes de seguir para sanção presidencial, o Ministério da Educação fez valer sua posição abraçada desde 1971 e introduziu a cláusula deletéria que transformaria o projeto letra morta, na prática: a música voltaria, de forma 'obrigatória', mas como parte do conteúdo de Educação Artística. Isto significa que, dos duzentos dias do ano letivo, se o professor de Educação Artística dedicar um dia de aula à música, a lei está sendo cumprida.

A disciplina Educação Artística teve apenas um efeito visível desde sua introdução pelos militares: as exposições de obras de pintores ou escultores importantes, como Picasso e Rodin, conseguem juntar filas quilométricas às portas dos estandes. De resto, o Desenho já era disciplina, antes dessa matéria. Ela não trouxe nada além da formação daquelas filas e o único meio de o país voltar a dar formação musical a seus adolescentes, de norte a sul, é proibir a Educação Artística e aprovar a Música como disciplina obrigatória e independente, em todas as escolas de ensino fundamental.

Quanto às artes cênicas, os atores têm bom nível e as telenovelas são vendidas ao exterior, trazendo divisas. Mas o cinema se arrasta, sem grandes produções memoráveis, por culpa de um cultivo literário ainda incipiente. Para se ter bom cinema é necessário fortalecer a literatura, mas o hábito de leitura ainda não foi construído, o que faz com que, do que se vende como literatura, pouca coisa se salva em qualidade.

O que se tem de vantagem no campo artístico então? Grande potencial. Se a educação voltar a melhorar, e o hábito de leitura se alastrar, o país ganhará um espaço privilegiado no cenário artístico mundial.

Esportes. O Brasil é mesmo bom nos esportes?

Como pentacampeão mundial de futebol, o Brasil já reservou seu lugar na história quanto a sua capacidade esportiva. O problema é que as outras dezenas de modalidades esportivas importantes receberam pouca atenção. Nos últimos tempos, outros países latino-americanos, assim como Portugal, Espanha, Inglaterra e muitos outros têm produzido talentos no futebol em proporção maior que o Brasil, indicando que é hora de o país diversificar-se nos esportes. Esportes cultivados na escola, como vôlei e basquete, oferecem grandes oportunidades. Essa gama precisa aumentar, e também o investimento. Empresas têm deixado de fornecer apoio, e, portanto, o governo não pode descuidar da área.

Potencial alto existe, e já foi provado. É só cultivar.

Talento. Brasileiros são bons para aprender as coisas?

Alguns podem pensar, diante dos resultados vergonhosos dos alunos brasileiros nos testes internacionais do início do século XXI, como o exame do PISA, da OCDE, que os brasileiros têm dificuldade de aprendizado. Estes, que não são muitos, estão redondamente enganados. A maioria sabe, felizmente tem consciência do problema, que a questão se concentra na deterioração do sistema de ensino.

O que se têm em profusão ultimamente são talentos desperdiçados, por conta de terem estudado em escola ruim, que é sinônimo de escola relaxada, sem compromisso com avaliação séria e com a aquisição de conhecimentos sólidos. Se a escola fosse uma instituição dirigida primordialmente a sexagenários, talvez o mecanismo da avaliação fosse algo dispensável, porque pessoas maduras têm noção de sua responsabilidade. Na criança, a responsabilidade, pelos estudos e por outros compromissos, é algo em construção. Educar significa desenvolver este senso. A escola que parte do pressuposto de que as crianças já são responsáveis por natureza, e que, portanto, ninguém precisa coagi-las (no sentido mais nobre do termo) a prestar contas de sua dedicação acadêmica, essa escola tem por plano estragar seus alunos.

É necessário elevar o padrão do sistema escolar, para que o cidadão brasileiro seja salvo.

Agropecuária. A agricultura brasileira é atrasada?

O Brasil foi dotado pela natureza de imenso potencial agropecuário e piscicultor. Contudo, os pequenos produtores não recebem o apoio de que necessitam, na maioria das gestões de governo, e os grandes, estes são vistos como vilões pelos criadores de símbolos.

Agricultores trabalham com a terra, com a defesa de sua propriedade ('estate') e com a expectativa de que não serão sobretaxados nem confiscados. Daí buscam clubes e partidos conservadores, porque os progressistas estranham essas demandas. A existência dos latifúndios é um complicador nas relações do agricultor com o restante da sociedade, mas, em tese, o latifundiário não é o agricultor, sendo em geral um herdeiro que não está preocupado com produção, mas com manutenção de seu domínio. As investidas do governo no sentido da implantação da reforma agrária não devem ameaçar a tranquilidade do produtor rural que traz riquezas novas ao país. Devem, sim, preocupar os que detêm propriedades apenas como jóias, guardadas a céu aberto. Além disso, não passa de tumultuador um governo que pretenda resolver o problema agrário em uma gestão, ou em uma única geração. O problema vem desde os irmãos Graco, na antiga Roma, e não há porque repisar eternamente a mesma estratégia.

No Brasil, os latifúndios não existiriam hoje se há algumas décadas tivessem sido tomadas medidas em relação a sua transmissão, como herança ou como alienação. Basta instituir limite de propriedade de área para futuros proprietários, mil hectares, por exemplo, mas não para os proprietários atuais. Os que forem comprar, comprem dentro do limite estabelecido. Os que forem herdar, recebam como propriedade apenas o que estiver dentro do limite, sendo obrigados a desfazer-se do excedente, vendendo-o. Neste caso, parentes em primeiro grau devem ser proibidos de herdar áreas contíguas, para que jamais elas possam voltar a unir-se e restaurar o latifúndio.

E os grandes produtores não precisarão de áreas maiores que a do limite estabelecido? Sim, eventualmente, e nesses casos, eles devem ter toda a liberdade de arrendar terras, nas extensões de que precisarem.

As pesquisas científicas, através da Emprapa, trouxeram um incremento enorme ao potencial agrícola de que o país já dispunha. É hora de fazer com que a política ajude, em vez de atrapalhar essa atividade econômica. Eles querem tomar terras dos índios? Não tomarão, certamente, terras que estejam regularizadas como propriedade de outros, sejam empresas, sejam indivíduos, sejam comunidades indígenas. E se inventarem de infringir a lei, que sejam devidamente indiciados. Nunca será o caso para a maioria.

As reservas indígenas, porém, não devem ter vias federais ou estaduais passando em seu interior. Se tal ocorrer, as famílias devem ser deslocadas para apenas um dos lados da estrada. Os que acharem que essa transferência é desumana devem ser avisados de que os índios não estão acorrentados à área.

Tratando bem os agricultores, o Brasil será sempre bem nutrido, e, portanto, bem tratado.

Aquífero. Temos água para o futuro?

O Brasil já possuía, reconhecidamente, o que era considerado o maior aquífero do mundo, que é o Aquífero Guarani, compartilhado com Argentina, Uruguai e Paraguai. Em 2010, porém, os cientistas identificaram na Amazônia o que hoje é tido como a maior reserva de água doce do mundo, que é o Aquífero Alter do Chão, que está sob o solo dos Estados do Amazonas, do Pará e do Amapá.

O risco de contaminação por atividades industriais tem sido denunciado, principalmente em relação a essa reserva de água mais ao sul, e isso implica cuidados que os governos têm de tomar, para garantir a vida saudável das futuras gerações.

Se a América do Sul cuidar bem de seus aquíferos, serão preservados aqui aquilo que poderá vir a ser a maior riqueza natural dos povos, que é a água doce potável. No século XIX, Malthus lançou seu grito contra uma possível crise de abastecimento alimentar. Hoje sabemos que o risco maior está numa possível crise de abastecimento de água.

Brasileiros precisam olhar com orgulho, mas também com muito carinho, suas reservas de água.

Minérios. As riquezas minerais ainda representam um bom potencial?

As riquezas minerais do Brasil são notórias. Desde os tempos da colônia, o desbravamento dos sertões deu-se quase que exclusivamente por causa da busca de diamante, ouro, prata e pedras preciosas. Quanto mais os garimpeiros iam obtendo resultados, mais eles adentravam as matas e mais o país ia sendo descoberto e povoado.

Nos últimos tempos, aqueles minérios de altíssimo valor já não são muito abundantes, de modo que a exploração maior do subsolo está na extração do ferro, para abastecer as indústrias da China, mais que as do Brasil, que vêm sendo encolhidas desde o início dos anos oitenta.

O petróleo, cuja era estava quase nos estertores, recebeu um grande alento com a exploração do pré-sal, sob o mar. É uma riqueza imensa, mas com prazo de validade bem determinado e curto. Os brasileiros precisam saber aproveitar-se dela.

De qualquer modo, o Brasil tem minérios valiosos, que são um grande patrimônio, e sobre eles é necessário aplicar a melhor política.

Clima. A diversidade climática é um ponto negativo para o Brasil?

Geada na serra gaúcha em junho e sol escaldante na Chapada do Araripe em dezembro. Ventos úmidos, ventos quentes, ciclones, baixa umidade do ar, alta umidade do ar, granizo, chuvas torrenciais e períodos grandes de estiagem: os brasileiros estão acostumados a essa diversidade climática e têm aprendido a conviver com ela ao longo dos séculos.

É certo que o país ainda carece de boas políticas preventivas, principalmente quanto às cheias e quanto a seu contrário, as estiagens. Fiscalização rigorosa para que não sejam construídas residências em áreas de risco é uma demanda das mais prementes. E, para a seca, não está longe no horizonte o dia em que ela deixará de ser problema: açudes-barragens para todas as cidades suscetíveis e sistemas eficientes de irrigação são as obras de que a população precisa.

Com os investimentos necessários, a diversidade climática do país só poderá ser vista como uma riqueza.

Natureza. O Brasil ainda conta com grandes riquezas naturais?

O turismo não tem rendido aos brasileiros tudo o que seu potencial promete por culpa do problema que gera a doença da moeda, que é o mesmo que gera a má educação e, em consequência, o trato grosseiro que os estrangeiros recebem por parte de certa parcela de cidadãos, incluindo aí os delinquentes. Sem o custo Brasília, os brasileiros poderiam ganhar muito dinheiro com a atividade turística, porque a natureza foi excessivamente generosa para com o país. A exuberância das praias é indiscutível. A diversidade da fauna e da flora, acessível por viagens ao longo do Rio Negro e do Rio Amazonas, é motivo de encanto para todos os que se dispõem a gastar mais que o razoável para visitar essas áreas. Grandes chapadas, cachoeiras aos milhares, e até um deserto, que são os Lençóis Maranhenses, estão à disposição dos visitantes, externos e domésticos.

Brasileiros vão passar férias no hemisfério norte porque descobrem que é muito mais caro viajar dentro do próprio país.

Se o gargalo maior for vencido, se a vida ficar mais barata para o turista, se o câmbio vier a ser favorável, a natureza será a maior aliada dos brasileiros no campo da indústria de hotelaria e do turismo.

5. Das políticas

Governo. Chefe de Estado acumular chefia de governo é política sadia?

Quando na República o chefe de Estado detém também o posto de chefe de governo, tem-se o que se convencionou chamar de presidencialismo. Há vários inconvenientes nesse dispositivo.

Com a morte do presidente da Alemanha, o chefe de governo, Hitler, acumulou a chefia de Estado, como já foi dito acima. Se fosse um homem de messianismo menos doentio, teria coordenado a eleição do sucessor de Hindenburg, ou, no caso de não ter ele mesmo como escapar ao chamamento, deveria ter-se tornado presidente e providenciado a indicação de um sucessor como chanceler (premier). Deve-se notar que esse modelo político, aparentemente inventado nos Estados Unidos, não é algo usual na Europa.

Thomas Jefferson, que levou a culpa pela formulação do conceito de presidencialismo, não tinha intenção de criar isso que veio a se formar como bola de neve e virou o tal presidencialismo de hoje em dia. Em seu projeto, a função de governar os Estados Unidos deveria caber aos governadores. O presidente da união deveria ter o papel de representar a federação, com "um corpo muito pequeno de funcionários". Se fosse para governar, ele teria um ministério, não um grupo de secretários. Obviamente, como o país fortaleceu-se muito, demandou-se do presidente a tarefa de envolver-se em várias ações típicas de governantes.

Os países da América Latina copiaram o sistema sem levar em conta a preocupação de Jefferson quanto à preservação do federalismo, isto é, sem cuidar para o detalhe de que o papel de governar deveria ser dos chefes dos executivos estaduais.

Assim, o sistema presidencial da América Latina, com presidente forte, governando em quase todas as frentes e em quase todos os temas, auxiliado por um ministério, é uma contrafação, que não saiu da pena de nenhum teórico. Surgiu de uma acomodação e de uma cópia mal-feita do modelo da matriz, que já não cumpria o papel originalmente desenhado.

Parlamentarismo. O Brasil então deve passar a ser

parlamentarista?

Na nova campanha pela implantação do parlamentarismo, que ocorreria em 21 de abril de 1993, no plebiscito que resultou na confirmação do presidencialismo, como vitória de Brizola, pela segunda vez na vida, e de Roberto Marinho, aliados de circunstância, nessa campanha o Dr. Ulysses explicou porque apoiava a cláusula de reeleição ilimitada para presidente. Disse ele que uma vez adotado o parlamentarismo, o país teria de aceitar todos as práticas embutidas naquele sistema. Na cabeça dele, reeleição por vezes sem conta era um componente intrínseco.

Por fim, Brizola e Roberto Marinho convenceram os eleitores e o parlamentarismo não voltou. Este autor e mais uma grande parcela de partidários do parlamentarismo sentiram-se aliviados com a derrota, porque a vitória implicaria carregar todos os defeitos que as lideranças políticas julgavam de implantação obrigatória, sendo a mais terrível essa das reeleições ilimitadas. Ora, aqueles políticos não perceberam que o que eles viam como elementos integrantes do sistema eram, na realidade, peças atrasadas, defeitos que os países parlamentaristas ainda não tinham conseguido consertar.

O plebiscito, aliás, nas duas edições em que ocorreu, estava perdido de antemão, por causa da maneira com que a pergunta era feita. Perguntava-se 'parlamentarismo, sim ou não', e isso era o mesmo que perguntar 'integral de funções analíticas, sim ou não'. O eleitor tinha de votar no código que a liderança de maior credibilidade mandasse, sem ter ideia do que estava fazendo. Tanto que, poucos dias depois da derrota pesada do parlamentarismo em 1993, uma enquete popular informal com a pergunta 'o presidente deve dirigir o Brasil auxiliado por um primeiro-ministro, sim ou não', de teor absolutamente claro para qualquer cidadão alfabetizado, deu como resultado 82% de 'sim'. E antes da realização do plebiscito, outra enquete informal revelou que entre os alunos calouros do ensino médio a preferência pelo parlamentarismo era de 25%. Esse número ia crescendo linearmente até que, entre os calouros da universidade, o parlamentarismo tinha 75% das preferências.

Hoje, passadas algumas décadas, poucos países parlamentaristas mantém o estatuto da reeleição presidencial por infinitas vezes. O mecanismo da dissolução do parlamento, sem respeitar o mandato quadrienal, vem sendo revisto em várias democracias. Alguns itens que os políticos brasileiros julgaram exclusividades do presidencialismo eram, verdadeiramente, avanços neutros, que deveriam ser adotados em qualquer sistema.

Sim, todo país sério deve trabalhar para a implantação do parlamentarismo. Mas em lugar de prever a dissolução do parlamento como meio de superar crises, mais sensato é criar cargos de vice-premier, pelo menos uns três, primeiro vice, segundo vice e terceiro vice. A maioria das crises que parecem insolúveis pode ser resolvida com a troca da liderança, simplesmente.

Que felicidade (imperceptível) teria sido para o mundo uma substituição de Hitler por um vice-premier ponderado antes da morte de Hindenburg? O presidente poderia ter usado uma das medidas truculentas e toscas do chanceler, como, por exemplo, a exclusão dos judeus do serviço público, para criar uma crise estrondosa, com bons propósitos, e então defenestrar o maluco. O mundo jamais viria a saber a dívida de gratidão que deveria ter para com o presidente.

Algumas vantagens do parlamentarismo podem ser lembradas aqui: (1) o partido que ganha a maioria das cadeiras, que é o partido realmente vencedor, recebe a incumbência de formar o governo - quem ganha governa -, livrando o país da situação muito comum no presidencialismo em que um presidente ganha a eleição para chefiar o governo contra um parlamento hostil; (2) a divisão entre duas pessoas do comando do país é uma garantia contra golpes de Estado, embora não absoluta; (3) o chefe de Estado fica preservado de negócios que possam comprometer o próprio Estado, podendo cultivar uma aura de pureza, a não ser pela vida pregressa; (3) a troca de premier é muito menos traumática que a de presidente em momentos de crise; (5) uma possível renúncia presidencial não abala a condução do governo, bastando comparar a saída de Jânio Quadros no Brasil, em 1961, com a saída do Presidente Horst Koehler na Alemanha, em 2010, por não aceitar assinar o envio de novas tropas ao Afeganistão.

O sistema parlamentarista, usado por Hitler como escada e depois pisoteado por ele, é a opção sadia para se instalar o tipo de governo mais funcional possível.

Eleição. Há algum problema insolúvel no modelo de eleição direta presidencial?

Aqui está o ponto nevrálgico deste livro. De início, é importante avisar que o autor era um entusiasta da eleição direta de presidente da República, até 1973.

Antes do golpe de 1964, eleição direta ou eleição por conselho eram métodos indiferentes ao autor. Mas o golpe deixou a impressão de que, se os conservadores evitavam a eleição direta, é porque ela deveria ser boa: raciocínio por efeito reverso. Sob os primeiros tempos do quinquênio mais ditatorial do regime militar, que foi a presidência Médici, essa impressão reforçou-se mais ainda. Mas não podemos olhar apenas o próprio umbigo. É necessário ver a Europa ocidental, a Rússia, a América do Norte, a Ásia e outras regiões.

O histórico da eleição direta deveria ser levado em conta pelos que continuam em sua defesa.

Com inspiração em ideias de Rousseau, Robespierre tentou introduzir o modelo, mas foi guilhotinado antes de ter tempo de concretizar seu plano.

Depois de muitos avanços e retrocessos, a França viveu em 1848 um ano quase inteiro de revolução, com as primeiras Comunas de Paris. No mês de novembro, para pôr um termo às jornadas que se tinham iniciado em fevereiro, as lideranças políticas acertaram uma eleição direta à presidência. Isso foi praticamente consenso, ante o desgaste daqueles meses de luta, e aquilo parecia uma tábua de salvação. Menos para um grupo, o do materialismo histórico, que vinha participando ativamente dos embates. As lideranças desse grupo, como se sabe, eram pessoas vindas da Alemanha, da Inglaterra e até de Cuba, mas com pouca gente da França. Seus alertas não tiveram repercussão naquele momento, embora suas profecias viessem a se mostrar certeiras.

Apurados os votos diretos, eis que se elege ninguém menos que o sobrinho de Napoleão, Luís Bonaparte, um golpista nato. Não que a maioria percebesse isso. Ele foi governando, convencendo, até que veio a época em que ele teria de preparar a passagem do cargo a outro. Em 2 de dezembro de 1851, Carlos Luís Napoleão Bonaparte fechou o parlamento e deu seu golpe, transformando a França novamente em regime imperial, governando a partir daí como Napoleão III.

Assim foi a experiência da primeira eleição direta à presidência num país grande e importante.

Exemplo. Mesmo assim, a França reconhece a presidência republicana de Luís Bonaparte?

A vergonha por esse fiasco instalou-se entre os historiadores franceses e entre os próprios organizadores do cerimonial da presidência da República. Não é Luís Bonaparte o homem venerado como primeiro presidente da França. O primeiro presidente, oficialmente, é Luís Adolfo Thiers, eleito pelo parlamento em 1871, após a Guerra Franco-Prussiana e a consequente queda do imperador.

Naqueles tempos, o espelho dos brasileiros não era ainda a América Ianque, mas a França. Assim é que, alguns anos depois, Dom Pedro II foi destronado e a República foi instalada. O primeiro presidente da República, marechal Deodoro da Fonseca, chegou ao cargo por eleição parlamentar, assim como o marechal Floriano Peixoto que o sucedeu após renúncia, mas já na eleição seguinte, em 1894, o Brasil seguiu não a França de então, mas a de 1848, pois o processo eleitoral foi direto, resultando na vitória de Prudente de Morais. O sistema, que é fadado ao desastre, vigorou até a Revolução de 1930.

Retomado pela Constituição de 1946, o método direto elegeu o marechal Eurico Gaspar Dutra (1946), Getúlio Vargas (1950), Juscelino Kubitschek (1955) e Jânio Quadros (1960). Dos 23 presidentes, de mandatos completos ou não, entre o Vargas de 1930 e a Presidente Dilma Rousseff de 2010, oito foram eleitos diretamente à presidência. Como o método parece ter-se consolidado, apesar de ter passado por deposição congressual o primeiro eleito diretamente após o regime militar, os brasileiros tendem a confiar no processo, pois a Presidente Dilma Rousseff já é a terceira titular do cargo a não sofrer interrupção de mandato, completando duas décadas em aparente tranquilidade institucional, após as presidências FHC e Luiz Inácio. O responsável por esse 'milagre' não é outro senão o plano de estabilização monetária. Mas, como ficou provado nas jornadas de junho de 2013, o país tem uma estabilização altamente custosa, por ser muito frágil. O impulso inflacionário, grande vilão de Brasília, foi apenas anestesiado, podendo acordar a qualquer momento.

Clivagem. A eleição direta presidencial não é usada nos melhores países?

O clube das Repúblicas que mantêm neste início de milênio o método da eleição direta presidencial tem uma característica comum, à exceção da Coreia do Sul, que copiou o modelo francês em 1990: esses países são Repúblicas de Batina. Algumas são formadas sob batinas católicas, sejam romanas, sejam ortodoxas. Outras são formadas sob as batinas pretas dos mulás, como o Irã, o Afeganistão, a Indonésia e o Irã (aliás, este país, não a Coreia do Norte, vive hoje a pior situação política imaginável, com seu chefe supremo, teocrata-vitalício, na cidade versalhesca de Qom). No caso das Repúblicas xiitas, as populações têm ciência hoje de que vivem sob regime teocrático. No caso das católicas, os cidadãos vivem num mundo de rebeldia permanente em relação à Igreja, mas sofrendo na carne os efeitos da porção negativa da formação religiosa que renegam. Os aspectos bons e positivos do catolicismo são cultivados e usufruídos por poucos. O resquício mais danoso, que é este que faz o cidadão encantar-se com a eleição direta presidencial, não é, nem de longe, visto como um problema. No entanto, a eleição direta presidencial é a grande doença católico-xiita.

Apenas Cuba, cujo governo vive um processo de transformação dentro da filosofia do materialismo, e Itália, do outro lado do Atlântico, são países de formação católica que escapam atualmente do destino de Repúblicas de Batina. A razão de a Itália escapar deve-se a uma figura patética: Benito Mussolini. Os anos que a Itália viveu sob esse enganador deixaram-na vacinada contra a demagogia e o populismo, embora ele nunca tenha sido eleito diretamente como presidente da República.

E nos anos de 2013 e 2014 o mundo assistiu atônito à entrega do Egito ao encantamento inebriante do diretismo, após derrubar e encarcerar seu brevíssimo primeiro demagogo eleito.

Falaciosos. E quanto às coisas positivas que dizem da eleição direta presidencial?

Um sistema danoso não poderia durar décadas, como ocorre no México há um século, se não fosse construído um conjunto de mentiras engrandecedoras. Praticamente tudo o que se diz de vantajoso no diretismo é mentira ou ilusão. O que a eleição direta é?

1. Federativa? Não, cada homem é um voto no chefe, logo é unitarista.

2. Barata? Não, é o modelo mais perdulário de eleição.

3. Pró-parlamento? Não, desmerece o parlamento e leva-o a negociatas.

4. Participativa? Não, é mitificadora, pois os candidatos são das cúpulas.

5. Progressista? Não, é demagógica e derruba os países que a adotam.

6. Educativa? Não, é destruidora da qualidade do sistema de ensino.

7. Superior? Não, é o sistema da mediocridade.

8. Perene? Não, só no México tem alguma longevidade.

9. Segura? Não, é o jogo do salto no escuro.

10. Laica? Não, é a pseudolaicidade das Repúblicas de Batina.

O México, único país que ultrapassou um século na prática da eleição direta, serve de exemplo de como o sistema atrasa a sociedade, pois está ao lado dos Estados Unidos, país mais rico do mundo, separado por um muro de segregação pobre-rico, tendo sido formado à mesma época, sobre uma sociedade indígena muitíssimo mais avançada que as dos Estados Unidos e do Canadá. Basicamente dois aspectos garantiram essa longevidade: proibição de reeleição e indicação do candidato entre os quadros governamentais mais bem aceitos pelos eleitores. Max Weber, que explicou o 'capitalismo' como resultado do *ethos* protestante, interpretou corretamente a precedência da religião entre os fatos sociais, mas não explorou devidamente a interface que leva da religião à economia, que é a política. O México poderia ter renda *per capita* equivalente à dos Estados Unidos se tivesse outro modelo eleitoral, mesmo sendo país católico, como o superdesenvolvido Luxemburgo.

O México nunca produziu quadros científicos à altura de uma Irene Joliot-Curie, a francesa que demonstrou a possibilidade da fissão do átomo. Mas não é a França uma República de Batina? Sim, mas na primeira metade do século XX, quando se formaram pessoas como Luc Montagnier e Pierre-Gilles de Gennes, ambos de 1932, não havia eleição direta, sistema que foi exumado pelo general De Gaulle, para a Constituição de 1958. Desde então, França e México competiram pela anticiência, mas em novembro de 2009 a França foi salva pela União Europeia, cujo presidente é eleito pelos chefes de governo. Agora só se espera que a União Europeia livre-se do Efeito Versalhes-Weimar, trazido pela instalação da presidência do Conselho Europeu em Bruxelas.

Populismo. O populismo não é um bom caminho para a política?

O populismo, poucos perceberam, é a versão latino-americana

do fascismo. Enquanto na Itália e na Alemanha os líderes fascistas usaram o parlamento para subir aos postos de comando, na América Latina o caminho teria de ser a eleição direta presidencial, para a construção dos mesmos ideais.

Bertolt Brecht recomendava com veemência que os intelectuais evitassem a palavra 'povo', porque os fascistas de todos os matizes abusavam desse termo. Em Portugal, o salazarismo impôs que a palavra fosse escrita com 'P' maiúsculo.

A raiz do populismo é esse cultivo do 'povo' como entidade mística, a mesma raiz do nazi-fascismo.

O nazi-fascismo é um movimento de demagogos que enganam e seduzem os partidos de esquerda e centro-esquerda para depois entregarem suas cabeças na bandeja, como Herodes fez com João Batista para atender Salomé. Essa dançarina, Salomé, é a representação das hostes conservadoras antiliberais.

Sabendo que conservadorismo e direitismo são as tendências políticas que ignoram ou rejeitam a luta pela melhoria das condições de vida dos pobres, é necessário que os eleitores saibam distinguir os dois tipos básicos de esquerda: de um lado, a esquerda democrática progressista, e, de outro, a esquerda criptofascista, cultivadora da acepção de pessoa e da violência, ora explícita, ora latente, com viés autoritário e pretensões vitalícias.

Neste ponto, outra grosseira mentira dos políticos e intelectuais da América Latina precisa ser denunciada. Ela consiste em ensinar aos jovens que nazi-fascismo e direita são uma mesma coisa. Ora, os arrivistas que usam a esquerda para garantir sua ascensão e depois se aliam aos partidos conservadores agem da mesma forma que os fascistas da Europa em outra época, que tiveram para formar Mussolini o socialismo italiano, para formar Hitler, o nacional-socialismo, antigo *Deutsch Arbeiter Party*, e para Franco, na Espanha, o nacional-sindicalismo. Essas lideranças latino-americanas cultivam o populismo. Sobrevivem montadas nessa mentira: nazi-fascista é o outro, o indivíduo de direita, ou liberal.

Ora, quem é liberal, ou de direita, sem ser conservador oportunista, é inimigo figadal do fascismo. Nos anos duros da luta contra o regime militar, os liberais aliaram-se às esquerdas no mesmo velho Movimento Democrático Brasileiro, contra os conservadores que usaram os militares em seu benefício. Muitos liberais estavam dentro do governo militar inicialmente, como Teotônio Vilela e Severo Gomes, mas aos poucos as coisas se foram esclarecendo e eles cerraram fileiras do lado certo. Há até mesmo o caso do Professor Antonio Delfim Netto, keynesiano e fabiano, que serviu ao regime em dois mandatos distintos e continuou no partido da ditadura (PP), elegendo-se depois deputado, ingressando só muito mais tarde no PMDB. O caso do Presidente José Sarney é um caso à parte. Convencido pelo líder do antigo MDB, Dr. Ulysses Guimarães, e por outros do partido da oposição, a abandonar o partido da ditadura, de que foi presidente, e aliar-se ao lado oposto, para garantir a transição (e, enfim, liderá-la), elegeu-se como vice-presidente em eleição por parlamentares e teve de encabeçar a chefia de Estado, uma vez que o titular Tancredo Neves faleceu na véspera do que seria o dia da posse. Se Sarney fosse um demagogo espertalhão, teria incluído na eleição de 1986, quando estava com 96% de aprovação popular, um referendo que confirmasse seu mandato. Como parlamentar, ele sempre esteve vigilante. Para registro, no segundo ano da presidência Dilma Roussef um senador quis dar a ela um pretenso presente de Dia da Mulher, destruindo sem saber o dispositivo da CLT que veda pagamento de salários diferentes para homem e mulher na mesma função. Passaria a haver apenas uma pequena multa aos infratores. Este autor avisou o presidente do Senado, Sarney, e imediatamente ele bloqueou a medida, com ajuda do Senador Romero Jucá. Em qualquer de suas atuações, porém, Sarney foi vítima de maledicências, acusado sempre de ser culpado pela pobreza de seu Estado, o Maranhão.

É claro que o regime militar tratou de se desvencilhar do populismo, porque seu plano era apresentar outra perspectiva aos conservadores, que já não confiavam muito nos demagogos. Mas populismo e conservadorismo, enfim, são apenas duas faces da mesma moeda retrógrada.

Superpai. A população deve confiar nos grandes líderes longevos?

Os países formadores de populistas não se prejudicam apenas a si mesmos. A Áustria, República de Batina, que antes era parte do Império Austro-Húngaro, formou o demagogo mais terrível de todos os tempos, e o exportou para a Alemanha: Adolf Hitler.

Esses países, pois, não formam apenas os eleitores que buscam o pai-dos-pobres, sonhando com a eleição direta para então sufragá-lo. Esses eleitores estão, em sua maioria, à procura dessa figura de discurso doce e coração de fel. E a existência de eleitores formados dessa maneira é em si uma tragédia.

Mas tão grave quanto existir esse tipo de eleitor é existir o pai-dos-pobres em formação, porque esse não é o enganado, é o prestidigitador, o ilusionista que sabe se aproveitar da boa vontade e da credulidade dos pobres.

O progresso da sociedade é uma construção coletiva, e nenhum homem pode querer dar-se ao luxo de salvar pátria em qualquer lugar do mundo. Muitos reclamaram de Mandela, por não ter sido o promotor da elevação social dos sul-africanos, sem perceber que o papel a que ele se entregou foi o de realizar a transição do regime segregacionista para a democracia política, no que ele foi impecável. A outros, e muitos outros, caberá travar a luta pela melhoria das condições materiais da vida da população. E tem de ser assim, sem ninguém querendo abraçar o mundo sozinho, porque todo candidato a pai-dos-pobres, seja ele parecido com Hitler, Mussolini, Perón, Vargas, Salazar, Jânio Quadros ou Ferdinand Marcos, precisa ser rechaçado por quem tiver condição para isso.

Inviabilidade. O Brasil como entidade política é viável?

O Brasil, como entidade política, não é um país viável. Quem disse "O Brasil é viável" foi o marechal Artur da Costa e Silva, após sentar-se na cadeira presidencial em 1967. Com o tempo, ele deve ter percebido que fez uma avaliação apressada.

Obviamente, o território é viável e a população é viável. O que não é? A entidade política Brasil. Quais são os indícios disso? São inúmeros. Sem uma ordem hierárquica, apontamos alguns deles aqui.

Em 1960 o Brasil inaugurou oficialmente uma nova capital construída no meio do mato, entre os currais, com magníficos traçados de cimento, em torno de um grande lago artificial. Isto até seria justificável se o país não estivesse abandonando a cidade mais bela do mundo em troca dessa.

Em 1808 Dom João VI aportou na Bahia, fugindo das tropas de Napoleão Bonaparte, com intenção de fazer do Brasil a sede do

Reino Unido Brasil, Portugal e Algarves (era recomendação feita pelo Padre Vieira dois séculos antes). Como a administração já havia sido instalada anos antes na cidade do Rio de Janeiro, Dom João VI rumou com sua comitiva para instalar a corte aí. Sua ideia era 'amansar' a cidade para torná-la capital de um grande reino, sem saber na época que isso demandaria mais de um século. Ele não aguentou. Desprezo por parte dos súditos no Brasil, início de revolução instaurando-se na cidade portuguesa do Porto, a aspereza e o inferno produzidos pelo Efeito Ravena, tudo isso o levou a retornar a Lisboa, em abril de 1821, deixando no Brasil seu filho Pedro, para cuidar do território que voltava à condição de colônia.

Se não foi fácil para Dom João VI amansar o tigre bravio chamado Rio de Janeiro, tampouco o foi para seu filho. De 26 de abril de 1821 até 7 de abril de 1831, Dia da Regência, quando ele voltou a Portugal, sua vida no Brasil foi guerrear. Revoluções e guerras separatistas pipocavam de norte a sul, com vitórias e reveses que não seriam tão corriqueiras se não estivessem sendo estimuladas pela capital nova.

Com o golpe da maioridade, copiado da Rússia, Dom Pedro II teve sua maioridade declarada quando completou 14 anos de idade, e encerrou-se então o período da Regência. Dom Pedro II foi coroado no dia 18 de julho de 1841 e o Brasil esperava ingressar numa era de paz. Porém, o tigre não estava ainda amansado. Depois de muitos conflitos de menor monta, o imperador teve de enfrentar, 23 anos depois da coroação, a maior guerra já travada na história da América do Sul, que foi a Guerra do Paraguai, ocorrida entre 1864 e 1870. Muitos fascistas que vivem repetindo que falta à América do Sul um grande banho de sangue, para temperar o 'caráter' do 'povo', certamente nunca pararam para pensar no que representou aquele massacre.

Proclamada a República, em 1889, com a consequente deportação da família Orleans e Bragança para a Europa, os conflitos domésticos se reduziram, mas o país ainda teve de passar pela Guerra de Canudos e pelo período de crise econômica chamado de 'encilhamento', um nome campestre para 'aperto'.

Enfim, quando menos se esperava, o Rio de Janeiro consagrou-se como capital. Amadureceu e passou a favorecer o país. A introdução da disciplina musical de Villa-Lobos, a criação da bossa nova e o brilho de Pelé na Suécia foram frutos dessa árvore que, finalmente, permitia vindima proveitosa.

Então uma gestão presidencial resultante de processo doentio, a eleição direta presidencial das renegadas Repúblicas de Batina, decidiu construir outra capital, e lançar o país na jaula do leão raivoso. O Exército aceitou a incumbência de domá-lo em 1964, mas as armas do Exército eram para outra coisa.

Enfim, esse sistemático desrespeito ao que os antepassados construíram, à custa de muito sangue, como foi o caso da consolidação da cidade mais bela do mundo como capital do país, esse desrespeito e esse desprezo são uma primeira mostra de que o Brasil é inviável. Essa pulsão não foi imposição de um homem, o qual apenas a retirou das profundezas do porão tenebroso do inconsciente da população. Do contrário, bastaria convencer o país de que aquele líder estava errado, e tudo se consertaria.

Sinais. Por que alguns dizem que o Brasil passa como se fosse invisível?

Não é o fato de o país ter construído uma capital nova que prova sua inviabilidade. Isso é apenas um entre muitos indícios. Quando foi mostrado o caminho, os governantes preferiram 'quebrar o galho', com o plano de estabilização que abana o bafo do dragão, em vez de exterminar o bicho.

Como foi dito no 'Estigma de Pindorama', não há rejeição ao território, mas ao símbolo. As palavras 'Brasil' e 'Brasília' e a bandeira brasileira são símbolos de opressão no inconsciente da humanidade.

Um dia o Brasil ganhará o Nobel, de Literatura, por exemplo. Isto não será um sinal de que o país é viável ("e aquele autor estava enganado"), mas de que a Academia decidiu ter dó desse país que tantas vezes inscreveu autores e nunca tinha sido contemplado.

Um dia o Brasil ganhará o Oscar. O motivo do prêmio na Academia de Hollywood será o mesmo usado na Academia de Estocolmo.

Portanto, é de boa prudência que o Brasil busque reformular-se, antes de ser laureado só porque sentiram pena.

Dirão: um dia o Brasil ganharia um santo, e ganhou: Santo Antônio Galvão. Sim, mas não se deve ignorar o fato de que a Santa

Sé trata das coisas que não são do reino deste mundo. Para o reino que não é deste mundo, não existem países, existem almas.

Ser um país odiado pelos outros é algo mais preocupante que ser um país ignorado. E um país odiado, muitas vezes sofre ataque guerreiro de seus desafetos. Seria o caso de não esquentar a cabeça com as mostras de invisibilidade do Brasil no exterior? Seria, mas só se isso não fosse uma demonstração de que o país é inviável. Vejamos alguns casos.

A) *Balão*. Roger Bacon descreveu o balão de ar quente na Inglaterra, no século XIII, mas a primeira pessoa a construir o aparelho e elevá-lo do chão foi o brasileiro nascido em Santos Padre Bartolomeu de Gusmão, em Lisboa, no ano de 1709. O reconhecimento, porém, cabe aos irmãos Montgolfier, em invenção de 1783.

B) *Avião*. Santos Dumont descobriu a propulsão vertical dos motores em 1906 e, com isso, criou o aeroplano com decolagem. Antes isso era impossível. Mas os irmãos Wright registraram a patente do avião nos Estados Unidos em 1903. É certo que funcionava por catapulta, não por decolagem, mas a patente que vale para o mundo é a deles, o que lhes garante a primazia. Antes, a dirigibilidade dos balões foi desenvolvida pelo paraense Júlio César Ribeiro de Sousa, com seu balão 'Santa Maria de Belém', em julho de 1884, primazia que até hoje não é reconhecida internacionalmente.

C) *Etanol*. O álcool combustível, para automóveis, foi resultado do Programa do Álcool, Proálcool, de 1974. Foi um processo demorado e muito dispendioso, que envolveu quase toda a Escola Politécnica, o Instituto de Pesquisas Tecnológicas e pelo menos metade da Faculdade de Economia e Administração da USP, pelo menos. Pois alguém divulgou que Henri Ford experimentou no início do século XX três tipos de combustíveis, álcool, díesel e gasolina, tendo optado por esse último pelo baixo custo. Ora, os Estados Unidos consideram que o pai do etanol combustível é ninguém menos que Henry Ford.

Quanto ao Padre Roberto Landell de Moura, tido como inventor do rádio, em 1899, em São Paulo, faz-se necessário divulgar uma informação importante: a patente atualmente reconhecida do rádio é de Nikola Tesla, de 1897, não mais a de Marconi.

Também o fato de a USP ter saído das duzentas primeiras universidade do mundo em 2013, na classificação do Times Higher Education (THE) da Inglaterra, não significa que o mundo tomou a decisão arbitrária de tornar o Brasil invisível no âmbito universitário. O problema foi interno e deveu-se exclusivamente à destruição do ensino básico. Em certos momentos, muitos apresentavam como contradição o fato de o Brasil ter um péssimo ensino básico e um ensino universitário de alto nível, reconhecido internacionalmente, sem perceber que esse 'péssimo ensino básico' foi resultado de má política e que ele necessariamente derrubaria a excelência acadêmica das universidades com o passar do tempo. Não havia nenhuma contradição, apenas histerese, o fenômeno que faz um efeito manter-se por algum tempo após cessada a fonte dele.

Na virada do século eram duas as universidades latino-americanas naquela classificação: a Universidade Autônoma do México e a USP. Pelos mesmos motivos que o caso brasileiro, a Autônoma desceu antes. Finalmente, nenhuma universidade da região está contemplada. A USP e a Unicamp ainda estão entre as primeiras quatrocentas, mas correm o risco de descer mais.

Defeitos. Os defeitos brasileiros são facilmente corrigíveis?

Os brasileiros têm suas muitas virtudes e vantagens, mas estas podem ser neutralizadas pelos defeitos, se estes não sofrerem a necessária carga de ataques que os transformarão em animais domesticados. Os defeitos principais, com os nomes dos que os identificaram - mesmo que os julgando qualidade -, seguem abaixo.

1. *Leviandade* (Michael Kepp)
2. *Iconoclastia* (Oswald de Andrade)
3. *Dilapidação* (José Honório Rodrigues)
4. *Diplomismo* (Afonso Henriques de Lima Barreto)
5. '*Acusaltrismo*' (Eduardo Giannetti da Fonseca)
6. *Momice* (José Marti)
7. '*Misopatria*' (Antônio Carlos Jobim)
8. *Ergofobia* (Gilberto Freyre)
9. '*Colagismo*' (Dolores Sala)
10. *Aritmofobia* (Mário Henrique Simonsen)

A relação acima não está em ordem de gravidade, mas de conveniência mnemônica, pois forma o acróstico *Liddammeca*. É necessário comentar alguns desses defeitos. A Leviandade é algo generalizado, mas muito identificável em algumas características que o repórter norte-americano Michael Kepp identificou no comportamento brasileiro, principalmente a incapacidade de dizer 'não', preferindo deixar os outros 'na mão', e o velho costume de chegar atrasado. O 'acusaltrismo', mania de acusar os outros sem prova, ou de projetar nos outros defeitos próprios, é um elemento perturbador da boa convivência entre os brasileiros, que precisa ser tratado no processo educativo. A momice, que antes era 'macaquice', termo cujo uso passou a ser politicamente incorreto, desde que torcedores argentinos misturaram tudo, achando que se tratava de pecha de agressão étnica, é muito prejudicial na medida em que políticos brasileiros têm o costume de copiar baboseiras de todos os países importantes - e até de países muito pequenos e mal governados, como o dispositivo de voto aos 16 anos copiado da Nicarágua pelo Deputado Francisco Rossi -, atrapalhando a cópia das boas medidas e práticas, que passam a se confundir com a mera colonização cultural. Não é possível construir uma conduta de brio sem abrir mão desse costume submisso de copiar bobagens. A 'misopatria', horror às coisas pátrias ou aos próprios compatriotas, vem de longa data. Para que os brasileiros assistam às obras do cinema nacional faz-se necessário aprovar lei de 'cotas' (quem quiser saber o que fazem as 'cotas', deve ler W. E. Deming). Para que comprem produtos nacionais, muitas vezes bem superiores aos importados da mesma categoria, é necessário aprovar leis do similar nacional. Que sentido faz, por exemplo, comprar trens da Espanha e da França quando a engenharia brasileira é hoje superior à daqueles dois países? Pois é. O desprezo pelos produtos pátrios é tão grande que o país nem tem mais fábricas de trens. Se um brasileiro desponta, logo passa a ser vítima dos compatriotas, que, em lugar de invejá-lo, se não querem admirá-lo, simplesmente passam a odiá-lo. Antônio Carlos Jobim dizia: "Fazer sucesso no Brasil é afronta". O horror à cultura do mérito (HCM) é tão arraigado que, se alguém ascende, dá a entender que conseguiu sua posição por meios escusos. Muitos conseguem subir por méritos próprios, apesar de tudo, mas são objeto de desconfiança. Pois a maioria não sabe mesmo o que é mérito. Os supertalentos brasileiros têm de ser preparados muito cedo para encarar a inveja, o despeito e o desprezo da parte dos compatriotas. Carlos Chagas, Osvaldo Cruz, Villa-Lobos, Luiz Gonzaga, Pelé, Jobim, Ayrton Senna e vários outros tiveram de passar por suas dificuldades de convivência dentro do país.

Inovação. De onde vem a resistência à inovação que se produza domesticamente?

Por 2500 anos o Brasil, então Pindorama, foi colonizado pelos tupis, um ramo desgarrado dos incas, que subiu os Andes e veio espalhar-se pelas costas orientais da América do Sul. Desconfia-se que eram índios que não aceitavam quaisquer inovações que pudessem ocorrer entre os seus, podendo ter sido este o motivo da migração para tão longe. Espalhados por Pindorama, a etnia tupi estabeleceu o código da rejeição à inovação, como meio de construir uma civilização livre do conflito causado pela mobilidade social. Guerras existiram sempre, mas vinham por motivo de honra. Todos eram iguais na condição de homens do neolítico, quando a Europa já produzia canhões, grandes caravelas, moinhos de vento, canetas, bússolas, espelhos, vitrais, espadas e tecidos finos. A vida dos tupis restringia-se a caçar, pescar, guerrear, praticar esportes rituais, pintar padrões, construir ocas, tecer cestos e cozer cerâmica, sempre nos mesmos moldes repetidos há séculos. Alguém que trouxesse alguma inovação, mesmo que fosse alguma técnica de contar até seis, era rapidamente ridicularizado, excluído do convívio dos companheiros. Isso não é um modo de vida tão inusitado, pois, no velho mundo, José, filho de Jacó, foi vendido como escravo pelos próprios irmãos a mercadores que iam para o Egito, só porque era mais talentoso que os outros da casa e, mais tarde, como administrador daquele país, *premier avant la lettre*, mandou levantar e registrar toda essa história. Em Pindorama, qualquer José que surgisse teria de sufocar seus traços e pendores criativos, como condição para continuar aceito na tribo. A partir de 1498, quando Duarte Pacheco Pereira, João Ramalho e Américo Vespúcio passaram a explorar as costas do que hoje é o Brasil, os tupis descobriram que havia seres humanos com outro grau de desenvolvimento de modo de vida e passaram a vê-los como pessoas dotadas de poderes extraordinários. Foi assim que o bandeirante Bartolomeu Bueno enganou uma tribo inteira, tocando fogo numa cuia de aguardente e ameaçando fazer aquilo com todas as águas dos rios e lagos.

O resultado foi que a capacidade de inovação passou a ser aceita, mas ela teria de vir de outros povos. Invenções dos que nasciam no território brasileiro continuaram a sofrer do mesmo desprezo que já vinham sofrendo há mais de dois milênios. Talentos pátrios continuaram a ser desvalorizados. Disso vem também a momice. Como o país não pode inovar, mas precisa acompanhar a evolução dos povos, resta copiar de fora, qualquer que seja a bobagem.

Trabalho. O Brasil devota respeito ao trabalho manual?

O horror ao trabalho manual (HTM) vem de época bem diferente daquela do horror à inovação. Os tupis eram diligentes trabalhadores manuais e não seriam eles os responsáveis por deixar essa marca prejudicial na vida brasileira. O problema se construiu na colônia e no reinado, acirrado com o período da escravidão.

Jogar um papel de embalagem no chão e abaixar-se para pegá-lo, levando-o à lixeira, é um hábito cultivado no Brasil só pelas pessoas muito bem treinadas, em termos educacionais, no sentido amplo, não só no daquele que diz respeito ao aprendizado da gramática e das contas.

Pois os nobres, e os senhores de escravos, em seus áureos tempos de colônia e reinado, tinham escravos à sua disposição para limpar qualquer sujeira lançada ao chão. Todos aqueles que não eram senhores de escravos, mas que aspiravam a sê-lo, viam nesse tipo de regalia algo a ser alcançado. Por isso é que hoje brasileiros de qualquer estamento social sujam seu entorno esperando que outros venham fazer a limpeza, mesmo sabendo que não há mais escravidão. Esperam que alguém sem ser escravo, mas sendo subalterno, venha cumprir aquele papel.

Nas escolas básicas, de nível ginasial, a disciplina Trabalhos Manuais foi introduzida na Reforma Capanema em 1942 e durou até a Reforma do Ensino Médio, do regime militar, de 1971, com extinção implementada em 1973. Essas três décadas de cultivo da disciplina foram uma imposição que a classe média brasileira não aceitava engolir, e veio a livrar-se dela em sua primeira oportunidade. Não passava pela cabeça desses aprendizes anacrônicos de senhores de escravos que o aprendizado dos trabalhos manuais representa enriquecimento cultural e biofísico para todos os seres humanos, servindo de base para atividades empreendedoras dos pobres e de fonte de conhecimento humano esplêndido para os filhos das classes altas. Como querem ter na família um bom médico se este carece de jeito para manejar o bisturi, por não ter treinado nos últimos anos do curso fundamental o manuseio de tesoura, esquadro, compasso, martelo, serrote, linha e agulha? O que a classe média queria, enfim, pelo menos a classe média mal-educada, era a ignorância em relação ao trabalho.

Não sabe aquela classe média que o aprendizado ginasial dos Trabalhos Manuais, pelo menos por um ou dois anos, constitui-se no maior dispositivo contra o niilismo juvenil que leva à delinquência e ao suicídio. Por causa disso, o país involuiu dos notórios mãos-leves dos anos sessenta, os batedores de carteira produzidos pela falta de emprego e pela alta inflação da época, para os infelizes autores de latrocínios que agem em nível quase epidêmico no início do século XXI. O primeiro ano sem Trabalhos Manuais, 1974, foi o ano da criação da Febem, a casa dos meninos 'em conflito com a lei'.

Até alguns anos atrás, no século XX, os brasileiros eram respeitados em outros países como gente trabalhadora. Nos últimos tempos, a preguiça e o estelionato tornaram-se praga entre os jovens brasileiros, com a prática da pilhagem acadêmica, o costume da 'cola', funcionando como primeira e generalizada grande forma de treinamento para esse modo de vida.

É preciso com urgência, através da escola e dos meios de comunicação, valorizar a dignidade, o ganho econômico agregado e o poder terapêutico do trabalho manual.

Números. Psicologicamente, os brasileiros apreciam os algarismos?

Antes da construção do defeito da ergofobia, os brasileiros receberam de herança a aritmofobia, horror ao uso dos numerais indo-arábicos.

É notório que esse problema veio de Portugal e não há novidade em repetir a afirmação aqui. Os mesmos árabes que de modo direto inspiraram e ajudaram o Infante Dom Henrique a montar a Escola de Sagres e alavancar seu país para a exploração dos mares, de maneira indireta implantaram em terras lusas a rejeição ao cultivo dos cálculos numéricos.

A informação que provavelmente é nova para o leitor dá conta de que essa repulsa aos números construiu-se por efeito reverso.

Ao longo de cinco séculos, de 711 a 1249, tempo que durou a ocupação árabe da Península Ibérica, os portugueses, junto aos espanhóis, desenvolveram uma luta muito menos física que cultural contra aquela dominação. Isso consistia em rejeitar muitos itens da cultura que os árabes trouxeram. Embora a língua tenha ficado muito contaminada de arabismos, os nomes de pessoas, os algarismos e outras características daqueles colonizadores eram artigos malvistos. As pessoas comuns não sabiam que os algarismos eram hindus, e rejeitavam-nos como uma das piores coisas trazidas pelos islâmicos.

A América Latina, enfim, recebeu aquela carga de rejeição, bem localizada. Não há preconceito contra árabes no Brasil, bastando ver a proporção de políticos eleitos que têm essa origem. Mas a resistência aos algarismos, fonte segura de subdesenvolvimento, atinge parcela enorme de latino-americanos. No íntimo de cada um, é como se fosse motivo de orgulho manter esse traço 'ideológico' do colonizador lusitano ou espanhol. Tanto que Júlio César de Mello e Souza (1895-1974), quando decidiu escrever seus livros de história de divulgação da aritmética no Brasil e nos outros países da América Latina, percebeu que com nome português não teria chance de ir muito longe. Criou então um pseudônimo, Malba Tahan, para falar de uma personagem árabe hábil em fazer cálculos. Tornou-se sucesso de vendas, indicando que veio preencher uma imensa lacuna da cultura do subcontinente.

Para abolir o horror aos números, os professores de Matemática, com apoio do governo, precisam usar artifícios, como fez Malba Tahan, e transformar-se em divulgadores entusiastas das maravilhas dessa ciência, não apenas instrutores de suas técnicas.

Extravagantes. Encerram-se aí os defeitos comportamentais dos brasileiros?

Certamente não são apenas os defeitos acima os únicos que os brasileiros carregam, por tradição. Mas quase todos os outros defeitos identificáveis cabem naqueles dez. Por exemplo, a mania de furar fila, não a fila física, porque pouca gente gosta de apanhar, mas a fila virtual, como pagar convênio médico com o intuito de ser chamado primeiro no hospital público de alto nível. Outros defeitos são mesmo extravagantes, como o de roubar para o Estado. Todos sabem que roubar do Estado é corrupção, coisa de delinquentes. Mas há também o costume de roubar do cidadão, principalmente do funcionário público mais humilde, para repassar os ganhos para o Estado. Um exemplo é esse de obrigar o servidor a trabalhar mais tempo que aquele legalmente previsto. Um caso emblemático é o de um amigo do autor que decidiu rescindir o contrato de trabalho numa universidade pública. Trouxeram a multa para ele pagar, com ar de zombaria, achando que ele não conseguiria. Mas a esposa dele vendeu um apartamento recebido em herança e emprestou todo o dinheiro para o pagamento dessa multa. Os que fazem esse tipo de subtração são delinquentes dementes, porque o Estado é uma máquina fria (Max Weber), que não recompensa o bajulador. Quem tiver dificuldade em entender a frieza da máquina estatal, pense nos dois séculos de guilhotinamentos na França.

Assim como não se deve aceitar a prática de roubar do cidadão para favorecer o Estado, tampouco soa plausível trabalhar 'de graça' para o Estado. Quem quer ser bom samaritano, deve ajudar o irmão, pessoa física, não a máquina. Os dois maiores casos de corrupção no Brasil, em 1992 e 2006, foram protagonizados por dois cidadãos que, na prática, prestavam serviço sem remuneração. O primeiro morreu assassinado, enquanto o segundo foi condenado a quarenta anos de reclusão.

Trabalhar 'de graça' para o Estado quase sempre envolve algum objetivo escuso e por isso é prática que deve ser terminantemente vedada. Conselheiros municipais, por exemplo, devem receber pagamento pelo trabalho, pelo menos como jeton, quer dizer, por sessão. Vedada também deve ser a situação em que alguém queira remunerar do próprio bolso o gasto que deve ser público. O que Michael Bloomberg fez como prefeito de Nova Iorque em seus três mandatos seguidos, pagando do próprio bolso viagens oficiais e vários outros gastos da prefeitura, pode parecer um ato cidadão, mas é o contrário. Ele deu um mau exemplo, talvez com a melhor das intenções.

Preconceitos. As discriminações negativas têm aumentado no Brasil?

Também não podemos deixar passar em branco a questão dos

preconceitos étnicos e socioeconômicos. O racismo no Brasil era dissimulado, quase sempre velado. Com a penetração da TV nas classes populares, trazendo seus programas dos Estados Unidos, o preconceito de cor no Brasil veio a ser cada vez menos velado, cada vez mais explícito, mesmo com a Lei Afonso Arinos, que pune a atitude racista e foi acolhida na Constituição de 1988. E é bom notar que não pode existir crime capital de racismo, crime de sentimento racial, mas apenas crime de manifestação racista. E é esta que vem crescendo, inclusive recebendo reforço por parte das possíveis vítimas, insufladas por pessoas influentes, mas de cabeça colonizada. Quanto à discriminação social, é algo mais percebido pelos estrangeiros que visitam o Brasil. Livros de táticas de negócio, escritos nos Estados Unidos, ensinam o investidor estrangeiro a trabalhar no Brasil mostrando as características psicológicas do país. O primeiro ponto que esses livros tratam é a enorme discriminação de classe social, junto à grande disparidade de renda entre os mais ricos e os mais pobres, fenômeno a que o francês André Gorz denominou 'brasilização'. Um país com uma tal discrepância é uma casa dividida. Se os brasileiros insistirem em manter essa situação, não formarão um país de irmãos, mas de ressentidos. A educação não pode ser 'ideológica', aquela que mantém os pobres na pobreza. Ela tem de ser humana, promotora dos humildes, para que se converta em instrumento de mobilidade social, não de encastoamento.

6. Das estruturas

Partidos. A organização partidária no Brasil precisa de correção?

O Brasil nunca viveu sob partido único, e provavelmente nunca viverá. Isso faz parte da alma meio anárquica dos brasileiros, que rejeitam, por isso, a simples menção a passar algum período submetidos a toque de recolher, como as ditaduras costumam fazer mundo afora. Na época monárquica, eram dois partidos que disputavam o governo, o liberal e o conservador. Com o advento da República muitos partidos foram sendo criados, até que o regime militar, instaurado em 15 de abril de 1964, dissolveu todos eles e abriu espaço para a formação de apenas dois, que vieram a ser a Aliança Renovadora Nacional, para apoiar os golpistas, e o Movimento Democrático Brasileiro, para fazer o que se chamava na época de 'oposição consentida'.

Ainda dentro do governo Figueiredo, último do regime militar, extinguiu-se a proibição de formação de novos partidos, e surgiram o Partido dos Trabalhadores (PT) e o Partido Trabalhista Brasileiro (PTB), ambos em 1980. Como o PTB ressurgiu em bases eminentemente conservadoras, nas mãos da Deputada Ivete Vargas, sobrinha de Getúlio Vargas, Leonel Brizola fundou o Partido Democrático Trabalhista (PDT), que obteve registro em 1981. O PT e o PDT surgiram basicamente como dissidências do MDB, mas do PTB não se pode dizer o mesmo. Um dos primeiros filiados veio a ser o grande opositor do velho PTB, Jânio Quadros.

Com a Nova República, em 1985, novos partidos foram sendo criados, chegando ao número de 32 no ano de 2013.

Os estudiosos da política sabem que o sistema proporcional de votação parlamentar tende a fazer crescer o número de partidos, enquanto que o antigo voto distrital majoritário restringe a quantidade. Mas os brasileiros percebem que a grande profusão de partidos criados não tem sido nada boa para a saúde política do país e clamam por alguma medida que reduza o número existente.

Anos atrás foi tentada a cláusula de desempenho, que imporia um mínimo de cadeiras obtidas para o partido garantir representação na Câmara Federal. Nove anos depois de aprovada, a medida foi derrubada no Supremo Tribunal Federal, sob a alegação assustadora de que a restrição atentaria contra a liberdade de expressão. Embora muitos políticos sonhem em retomar esse caminho, ele foi dinamitado. É preciso buscar novas saídas.

Em lugar de impor um número mínimo de cadeiras, pode-se fazer a exigência de número de Estados, por exemplo. Partido que não eleger deputados em pelo menos três unidade da federação, fica sem vaga. Repetindo isso na eleição seguinte, perde o registro. Convém também que seja eliminado, com a maior urgência possível, o mecanismo das coligações para eleições proporcionais, que permite que partidos minúsculos elejam representantes no vácuo dos votos dos partidos grandes. E deve-se proibir partidos com nomes religiosos, pois a mistura Estado-religião é a forma mais perigosa de demagogia.

Outra medida que pode ser tomada é a determinação de que os partidos usem cada um uma das três cores primárias (de Maxwell), azul, vermelha ou verde. Estas cores podem representar três das quatro virtudes cardeais aristotélicas, que são a temperança, a justiça e a prudência. A fortaleza, quarta virtude, fica nas mãos das forças armadas, não dos partidos. Tomam-se a partir daí medidas que incentivem a fusão dos partidos de uma mesma cor. Por fim, reduz-se o número de cada partido a um único dígito, que deverá percorrer a escala de 1 a 9, uma vez que ninguém quererá que seu partido tenha o dígito zero. Se o número máximo de partidos ficar restrito a nove, os brasileiros terão muito mais clareza das propostas de cada um, e os próprios políticos saberão situar-se programaticamente tendo de lidar com um número pequeno de agremiações.

Hoje há, por exemplo, apenas dois partidos conservadores de peso, que são o PP e o PTB, secundados por dois minipartidos, o PRTB e o PTC. Como partidos liberais podem ser contados DEM, PR, PSD, PRB e mais um quarteto de siglas menores. Outros se situam no espectro social-democrata, de centro-esquerda, como PMDB, PT, PSDB, PSB, PV, PDT, PCdoB e PPS, classificando-se na esquerda PSOL, PCO, PPL, PCB e PSTU. Os demais são satélites dos partidos de centro-esquerda.

Os liberais, que têm pavor da possível situação de se cair em partido único, não precisam ter essa preocupação em mente, porque o antídoto foi criado aqui mesmo na América do Sul. Se o número de partidos se encolher para um ou dois, após medidas de restrição, aplica-se o mecanismo dos sub-lemas (Luís Vicente Varela, Buenos Aires, 1875). Cada partido que sobrar fica automaticamente dividido em três correntes, ou sub-lemas, para efeito de campanha e proporcionalidade de cadeiras. O próprio instituto do voto proporcional demanda isso.

Se os partidos que se julgam de esquerda, e também os professores da mesma condição, entenderem que é necessário esclarecer a juventude quanto à diferença entre fascismo e direitismo, esses mesmos partidos e professores precisam admitir que renegar a ideia de competição significa trabalhar pelo pior tipo de competição. Eles devem compreender que a única alternativa à competição saudável é a competição bruta da seleção natural. O primeiro tipo envolve aprendizado, cooperação, transparência e mobilidade, enquanto que o segundo só aceita a dominação e a matança. Quem busca uma terceira opção está sonegando a primeira e, portanto, está entregando a juventude às feras da segunda.

Ministérios. Para a boa administração, é indiferente a quantidade de ministérios?

É sintoma de deterioração da política, pelo crescimento da demagogia, o aumento do número de ministérios. Quando Sarkozy tomou posse como presidente da França em 1990, havia 62. Ele prometeu diminuir essa quantidade, e ela caiu para quinze. Na Somália, depois do período de anomia, entre 1993 e 2000, o governo foi refeito e a quantidade era aproximadamente a mesma daquela da França. Um grande administrador, o premier Prof. Ali Khalif Galaydh, que governou durante o ano de 2001, reduziu o número de ministérios para dezoito.

Esses números, quinze, dezoito, ou quaisquer outros próximos, são bons números mais têm um quê de arbitrários e voltam a ser mudados por governos seguintes, mais cedo ou mais tarde. O ideal é fixar em uma dúzia o número máximo de pastas, ou, melhor ainda, em dez. Mesmo assim, a Argentina, que tinha dez como número limite, atualmente está com quinze ministérios (não é possível segurar o poder deformador da demagogia).

Os dez ministérios necessários devem ser:

1. *Fazenda-Planejamento*
2. *Indústria-Energia*
3. *Casa Civil - Ciência*
4. *Transportes-Comunicações*
5. *Relações Exteriores*
6. *Educação-Cultura*
7. *Justiça-Trabalho*
8. *Agricultura-Pecuária*
9. *Defesa-Ambiente*
10. *Saúde-Previdência*

São os dez dedos da mão e as dez cores da eletrônica, além das dez categorias aristotélicas. Nessas dez pastas cabem todas as atividades do governo. No caso de governos provinciais ou municipais, a pasta de Relações Exteriores pode ser substituída por Relações Públicas, Políticas ou Institucionais. No governo nacional, as agências, as autarquias, os bancos públicos e quaisquer órgãos da administração subordinam-se aos ministérios. Em vez de três ou quatro ministérios para cuidar de uma mesma área, como ocorre hoje com a Justiça, as Relações Exteriores e a Agricultura, um único ministério cuida de todas as atividades correlatas. No Ministério da Indústria, por exemplo, cabem, além da Energia, as secretarias de Comércio, Turismo, Espetáculos, Esportes Profissionais e Minas. Na Casa Civil, além de Ciência, entram Tecnologia, Administração e Relações Institucionais. E o titular dessa pasta é o premier, que acumula o cargo de porta-voz governamental. No Ministério da Justiça entram Trabalho, Emprego, Cidades, Interior, Segurança, Mulher, Promoção de Minorias e Integração Nacional. Na Agricultura ficam Pecuária, Pesca, Desenvolvimento Agrário, Política Fundiária e Irrigação. O Ministério da Saúde, além da secretaria da Previdência e outras, agrega também a secretaria da Puericultura, para cuidar da Educação pré-escolar (crianças de zero a cinco anos), que não é instrução, mas 'nursery', isto é, puericultura, assunto de saúde, não do Ministério da Educação.

Na distribuição dos ministérios, deve-se ter o cuidado de empossar cinco ministros advindos da área de ciências exatas e tecnologia (elite técnica), e outros cinco da área de humanidades e ciências biomédicas (elite clássica). Tem-se aí a administração bipartite que incorpora a modernidade.

Sim, fica difícil fazer negócios com partidos para constituição de base aliada com um número reduzido de ministérios. Mas o número grande, tanto de partidos quanto de ministérios, serve antes de tudo para transformar o governo em refém de oportunistas e arrivistas.

Transição. Como o país pode, sem traumas, tornar-se parlamentarista?

Como o país quer que o governo tenha um primeiro-ministro, algumas medidas poderiam ser tomadas, de modo paulatino, para se chegar ao Parlamentarismo Brando, uma forma de parlamentarismo que preserve os aspectos positivos daquilo que foi construído como presidencialismo. O mecanismo ajusta-se ao que a Constituição previu em sua elaboração inicial e serve de prevenção contra crises políticas futuras. Os passos devem ser os seguintes.

A) O ministro-chefe da Casa Civil é o primeiro a ser indicado pelo presidente.

B) O ministro-chefe auxilia o presidente a preencher os demais ministérios.

A) O ministro-chefe passa a ser chamado de primeiro-ministro, ou premier.

D) O premier acumula o posto de porta-voz presidencial, para ganhar exposição.

E) O premier é membro do partido que na posse tenha mais cadeiras na Câmara.

Se ocorrer empate entre os partidos com mais cadeiras na Câmara, o Tribunal Superior Eleitoral desempata a eleição em favor do partido que tiver mais cadeiras na UF mais populosa. Neste caso, esse partido ganha uma nova cadeira para esta mesma UF, em desfavor do partido com menor número de cadeiras, que perde aquela cadeira que seria a mais duramente conquistada, mesmo que seja uma única. Se alguém achar estranho que o presidente tenha de empossar como ministro-chefe alguém do partido com mais cadeiras, independentemente da composição da Câmara, deve notar que isso é a alternativa às velhas negociatas a que o presidente tem de se entregar para montar o governo no presidencialismo vigente até esse início de milênio.

Ao empossar o ministro-chefe, que passa a ser o premier, o presidente da República indica um primeiro e um segundo vices-primeiros-ministros, que não serão remunerados nessa função de espera.

Executivo. Há muitas mudanças a implementar na atuação dos ministérios?

Em cada área há um conjunto de ações que devem nortear um

projeto de país desenvolvido, uma vez garantido o fim do gargalo maior. Na economia, gerida pelo Ministério da *Fazenda* e pelo Banco Central, é necessário garantir liquidez e baixa de juros, dentro dos limites sadios, com garantia de crédito aos empreendedores recém-formados, e promover sempre uma política cambial favorável ao exportador. A carga tributária deve ser racionalizada, com reduções substanciais, evitando-se isenções, aliada a uma estratégia de combate severo à sonegação e à corrupção. As alíquotas progressivas devem ser paulatinamente proibidas em todas as instâncias de governo, com o acompanhamento de um trabalho permanente de reforço no ensino da teoria das proporções nas escolas a partir do nível ginasial, para que os agentes econômicos entendam e apoiem a aplicação dos tributos proporcionais. As pessoas jurídicas, de todos os tipos, devem recolher mensalmente em conta específica no banco 1/24 do imposto de renda presumido para o ano em questão. No Ministério da *Indústria* devem ser lançadas campanhas educativas, sempre renovadas, de atendimento aos turistas. Leis devem garantir a interiorização da industrialização, evitando-se os ciclos concêntricos nas regiões metropolitanas, e para isso permitem-se novas fábricas apenas ao longo das rodovias e das ferrovias, a uma distância nunca maior que 500 m. Novas fontes de energia devem ser pesquisadas e, se possível, implementadas e devem crescer os investimentos nas linhas de transmissão a partir das hidrelétricas. Patentes de inventos e modelos de utilidade devem receber financiamento, ou mesmo parcelamento de pagamentos, e as inovações significativas devem receber prêmios, em edições anuais.

O Ministério da Casa *Civil* e da Ciência precisam implementar um plano eficiente de abolição da cultura do desperdício, sem que isso venha a significar abandono dos supérfluos, para não se cair na 'Fábula das Abelhas', de Mandeville. A 'dação' sem contrapartida precisa ser discutida e vista como coisa perigosa para o governo e para o futuro da população. Os cargos de confiança devem ter número limite fixado em lei. Os professores, nas escolas, e os médicos e paramédicos, nos hospitais, devem voltar a dirigir suas instituições, com garantia de proibição de cursos que formam burocratas profissionais para os cargos de chefia nesses órgãos, nominalmente, administração escolar e administração hospitalar. O objetivo central do governo deve ser a elevação permanente do IDH dos Estados e dos Municípios. Deve ser publicado todo mês de dezembro em edição bilingue, inglês e língua pátria, o Anuário da Ciência, com *abstracts* das pesquisas notáveis, e o desenvolvimento da paixão pela ciência na mente dos jovens precisa dominar a preocupação dos governantes.

O Ministério dos *Transportes*, que absorve as áreas de Comunicações e de Telecomunicações, deve investir pesadamente na revitalização e na construção de ferrovias e hidrovias. E deve proibir dublagens na TV fora de programas infantis, para que a população saia da redoma do comodismo de não ler, sequer legendas. Programas sobre crimes devem ser permitidos só à noite, a partir das 23 h.

O Ministério das *Relações Exteriores* precisa lutar pela reintrodução do ensino de língua portuguesa em Goa, na Índia, pois os jovens daquela região já não falam a língua que foi de seus pais. O mesmo deve ser feito em relação a Macau. Deve também abandonar a insistência em fazer com que os países ricos deixem de subsidiar seus agricultores e abandonar a busca por uma cadeira permanente no Conselho de Segurança das Nações Unidas. Se a prática do Brasil é abster-se nas votações, que graça há em conseguir essa cadeira? Além disso, por que abraçar essa causa, sem saber se o país é viável?

O Ministério da *Educação* terá trabalho árduo após a remoção do gargalo, se ela ocorrer. É necessário proibir graduações em pedagogia e em normal superior, substituindo tudo isso pela graduação em Psicologia Educacional, um curso montado em bases científicas, com as disciplinas Estatística e Laboratório de Psicologia. As licenciaturas precisam ser abolidas, introduzindo-se a disciplina Psicologia Geral em todos os bacharelados, pois o conhecimento geral necessário para o magistério é o da psicologia. Os materiais que ultimamente são distribuídos nas escolas para a criança são, do modo como se faz a coisa, uma desgraça para o comércio, porque o pisoteia e mata. Todo material a ser fornecido, de blusa a lápis, passando por cadernos e livros, deve ser entregue na forma de tíquetes, na mão dos pais, nunca dos alunos menores de idade, para que esses pais os troquem nas lojas. E os livros não podem ter edição diferenciada em relação às vendidas para escolas privadas. Após o lançamento do programa de livros do ensino médio, o fechamento de livrarias no Brasil tornou-se epidemia. Isso num país carente de lojas de livros. Quanto às bolsas de estudo, elas não devem ser do mesmo valor para alunos cumpridores das obrigações de estudo e aqueles que apenas esquentam os bancos escolares. A partir de um valor básico, o pagamento deve receber acréscimo relativo ao bom rendimento do estudante. Do contrário, o sinal que o ministério dá às escolas é de que a 'bagunça' deve ser premiada, tanto quando a dedicação.

Quanto aos conteúdos, a Física deve ser a disciplina mais valorizada e protegida no ensino médio, e no nível ginasial devem voltar como disciplinas independentes o Desenho Geométrico, a Música e os Trabalhos Manuais. Professores do ensino oficial, bem como quaisquer profissionais de nível superior no serviço público, que mantenham seus filhos menores nas escolas oficiais, sem usar rede privada, devem ter incentivo salarial para isso, pelo menos um bônus mensal de 2%, o bônus-filho, benefício que se extingue quando o servidor não tiver mais filhos menores na rede. E passou já da hora de iniciar a preparação da abolição da presença docente no triênio elementar, das crianças de seis a oito anos, conforme descoberta científica de Maria Montessori. Essas crianças devem ser cuidadas por inspetores de alunos, e o papel do professor tradicional deixa de ser acompanhá-las na sala e passa a ser a de examinador, que prepara trabalhos, avaliações e correções, sem entrar em aula. Com papel parecido com professor, abre-se exceção apenas para o instrutor de música, que deve entrar em aula, uma hora por semana quando muito, para ensinar cantigas alfabetizantes e outras canções, inclusive em língua estrangeira. O sistema deve iniciar-se em unidades-piloto, para ampliar-se à medida que os resultados se mostrarem superiores ao do modelo tradicional. No restante do ensino básico, a presença de professores em aula, com os alunos, jamais deve ultrapassar a jornada de 5 h diárias. No ensino superior, o ministério deve trabalhar para que no futuro os únicos diplomas específicos exigidos por lei venham a ser os de Cirurgião Médico e Cirurgião Dentista.

O Ministério da *Justiça*, que incorpora as secretarias de Trabalho, Segurança, Interior e outras, tem várias incumbências na tarefa de destravar os caminhos do país. O primeiro é abolir a 'indústria da liminar'. Uma liminar passa a ser aceita apenas se assinada por dois juízes, de comarcas distintas quando forem juízes de primeira instância. No STF, as terças-feiras devem ser reservadas a demandas relativas ao serviço público, passando a outros casos quando não houver processo de serviço público na fila. Para o documento de identidade nacional, 'RG nacionalizado', basta que sejam usados os números estaduais acrescidos da sigla da unidade federativa, por exemplo, alguém de São Paulo, com número 5.731.914-5, passa a ter seu número de identidade acrescido de SP logo após o dígito de verificação: 005.731.914-5-SP. Não é necessário fazer nenhuma revolução na numeração de identificação dos brasileiros. A pena máxima deve ser urgentemente mudada de 30 anos para 50 anos, uma vez que a interpretação sobre o benefício da redução de pena destruiu o espírito original da proposta de Armando Falcão e os criminosos são soltos muitíssimo antes da hora, muitos deles vindo a matar os juízes que os condenaram.

Ainda no âmbito da Justiça, urge consertar a Lei de Licitação, com vistas a eliminar a 'indústria da licitação fraudada'. São apenas dois os mecanismos necessários: (a) quem impetrar na justiça processo para anulação de resultado fica impedido de concorrer a rodadas seguintes da licitação em questão e (b) empresa que vencer licitação fica proibida de subcontratar perdedoras.

No âmbito do Trabalho, deve-se instituir que a presidência de sindicato deve ser de um ano, sem direito a reeleição; deve-se substituir 'dispensa de empregado' por 'transferência compulsória', em que o empregado descartado da empresa transfere-se para outra empresa ou para um órgão público responsável por sua realocação no mercado de trabalho, sem que haja o compromisso de que seu salário seguinte não seja menor que o anterior; deve-se exigir que o registro em carteira inclua, além do salário direto, a relação, com valores, de todos os salários indiretos a que o empregado faz jus; deve-se exigir que empresas grandes disponibilizem vagas para menores aprendizes, e a idade mínima de catorze anos deve ser baixada para treze; deve-se garantir que o empregador fique dispensado de pagar encargos enquanto seu empregado presta serviço militar; deve-se paulatinamente construir a era do pleno emprego, o que implica controle em políticas de imigração e de natalidade; deve-se impedir legalmente a paralisação programada de serviço público, mesmo de concessionário (servidor público não faz greve, faz locaute) e deve-se continuar garantindo a estabilidade do servidor público no cargo, não no local de trabalho.

Quanto à área da Segurança, deve-se proibir venda a retalho de bebida alcoólica destilada; deve-se instituir o comércio de narcóticos para hospitais e universidades (B2B), mantendo-se proibição para pessoa física; deve-se revogar a inconsistente 'lei do abate' e deve-se determinar que todo terreno público baldio na área urbana torne-se parque. O Ministério deve também cobrar do IBGE o abandono da divisão regional fascista implantado em 1970, que criou essa entidade espantosa chamada Região Sudeste, e exigir a volta da divisão regional histórico-cultural segundo constava do Atlas-Mec de 1963, da gestão Darcy Ribeiro, em que São Paulo pertence à Região Sul.

Para o Ministério da *Agricultura*, as tarefas são tornar exclusiva para agricultura a faixa de 20 km em toda a extensão de fronteira, exceto nos trechos em que haja impedimento natural; determinar que na região amazônica as propriedades sejam impedidas de derrubar faixas de mais de 30 m de floresta, tendo de alternar 30 m de floresta e 30 m de cultivo; impedir que sejam doadas terras no campo (para evitar conflitos mortais), garantindo que toda aquisição faça-se por herança ou por compra, com facilitação de hipotecas, em ato de cidadania, não de tutela; trabalhar para que toda cidade nordestina do polígono das secas tenha seu açude-barragem, de modo a não mais sofrer por falta d'água; garantir estoque regulador com prioridade nas compras ao pequeno produtor e investir em pesquisa de frutos e grãos de alto teor protéico.

Do Ministério da *Defesa*, que incorpora a secretaria de Ambiente, espera-se a conclusão da Rodovia Perimetral Norte, como estrada ecológica; o tombamento da maior parte da floresta amazônica ainda viva e o chamamento ao serviço militar de todos os jovens de dezesseis anos que continuem analfabetos, sem exceção, com vistas a alfabetizá-los nos quartéis. Para isso, institui-se a triagem para todos aos dezesseis anos, convocando os alfabetizados selecionados a apresentar-se aos dezoito anos. Aos de dezesseis que sejam analfabetos, convocam-se imediatamente para a prestação do serviço militar, por dois anos, neste caso. O pai que não concordar tem cassado seu pátrio poder sobre o menor, que passa à tutela do comandante do destacamento a que ele servirá. A alternativa seria baixar a maioridade civil do analfabeto, mas isso não deve ser feito, para não sinalizar apoio à redução da idade penal. Ao contrário do que pensam os conservadores, os menores precisam de amparo, nesses tempos em que são alimentados com todos os tipos de dados, os quais servem para retardar seu amadurecimento, não para acelerá-lo, uma vez que dado não é informação.

Finalmente, o Ministério da *Saúde*, que incorpora Previdência e Puericultura, cuida de publicar uma Revista Fitoterápica, anual, a ser distribuída nas Unidades Básicas de Saúde e de rever a política de partos, atribuindo prioridades ao médico obstetra e à enfermeira obstetra, e até às parteiras tradicionais e doulas, não ao médico comum. Cuida também de proibir psicotrópicos a menores de dezoito. Em relação à Previdência, é urgente que se separe o caixa previdenciário do de outros benefícios, e ele deve passar por auditorias anuais.

Parlamento. Quais serão os caminhos para melhorar a imagem do parlamento?

Com a instituição do Parlamentarismo Brando, o Congresso Nacional se fortalece muito, passando a ser mais respeitado pela população. Mas é necessário adotar muitos outros caminhos para melhorar a imagem dos representantes da população.

1. Minuto do Congresso na TV (1 min semanal - reduz-se a Voz do Brasil no rádio).
2. Prêmio Parlamentar do Ano, pelos pares, ao autor da melhor lei revogatória.
3. Divulgação em cada fim de ano da classificação dos parlamentares mais frequentes.
4. Cassação só a condenados judicialmente, nunca cassação por decoro parlamentar.
5. Suplente de senador seja o deputado federal mais idoso da bancada.
6. Norma: na presidência de câmara *municipal* mulher suceda homem e vice-versa.
7. Prioridade aos aposentados nas candidaturas - após parlamentares com mandato.
8. Medida Provisória só no primeiro dia útil do semestre (se não for 'urgentíssima').
9. Seminários anuais no Interlegis sobre Malthus, Keynes e Schumpeter.
10. Exame elementar escrito de Gramática e Matemática para os candidatos (novatos).
11. Exibição das notas do exame de Gramática e Matemática no horário eleitoral.
12. Reformas na Constituição votadas só de dez em dez anos - nos anos de final 1.

Outro cuidado importante é que a Comissão de Constituição e Justiça precisa ampliar suas incumbências, como meio de aumentar a credibilidade do parlamento. Antes de serem liberados para o plenário ou para as comissões seguintes, os projetos que são aprovados devem passar por audiência pública, depois de divulgados para a imprensa, com o objetivo de discutir sua pertinência e sua oportunidade. Projetos ridículos, inócuos, nocivos e discriminatórios devem ser descartados, com a ajuda da sociedade civil.

Passou já da hora de o parlamento se precaver contra os penduricalhos de representantes oportunistas, os chamados 'contrabandos' de projetos. Alguém que tenta empurrar uma lei imprópria e não consegue, acopla-a como contrabando de um projeto pertinente e, por descuido da maioria, aprova seu Cavalo de Troia. Por exemplo, sempre que um parlamentar tenta legalizar o jogo do bicho, outro remenda o projeto com a legalização dos cassinos. Michel Temer, quando presidente da Câmara, tomou medidas contra os contrabandos em Medidas Provisórias, mas os de projetos comuns continuam a ameaçar o país.

Conservadorismo. É possível identificar os verdadeiros conservadores a partir de suas ideias?

Cada época tem sua caverna, formada por um conjunto de crenças que se creem o estado da arte, mas que são pura 'ideologia', no sentido original do termo, que é o da confusão mental.

Nos últimos tempos, é comum entre os jovens atacar os avanços da Igreja Católica, trilhados após 1965, quando da conclusão do Concílio Vaticano II, como sendo uma agenda conservadora, sem perceber o fato, e sem que lhes abram os olhos para ele, de que conservadora era a política dos tempos hitleristas, que tolerava e até cultivava as formas de morte programada que o Estado daquele tempo implementava (pouco antes de entrar em vigor a nova Igreja, a imensa maioria do clero apoiou o golpe de 1964 no Brasil).

Com isso, o verdadeiro pensamento conservador passa como coisa inocente, e até aceitável, para grande parcela da juventude. Nunca é demais, portanto, apresentar os pontos mais centrais dessa política, que não é a dos cidadãos que conservam coisas boas, como alguns julgam acreditar, mas a dos que defendem as práticas mais tristes da história humana. Churchill estava no Partido Conservador assim como Severo Gomes estava na Arena, partidos do status quo, mas eles não eram exemplos de pessoas conservadoras. Conservadores eram Meleto, Cômodo e Filinto Muller. Aqui vão os pontos que os identificam nos dias de hoje.

A) Política - garantir voto majoritário, voluntário e distrital (ou misto).

B) Economia - assegurar *laissez-faire* empregatício.

C) Governo - promover privatização dos serviços públicos.
D) Promoção - manter uma casta de doadores de esmolas.
E) Sociedade - cultivar desprezo à responsabilidade social das empresas.
F) Segurança - instituir polícia municipal.
G) Justiça - apoiar a pena capital.

É claro que o cidadão pode ser adepto de um ou dois desses pontos sem que se alinhe com os conservadores tradicionais. Mas, de qualquer modo, será um sinal preocupante.

O voto distrital já foi discutido acima, mas há ainda outros aspectos dessa questão, como a idade mínima. À primeira vista, baixar a idade mínima parece coisa de gente avançada. Não é. Quem baixou de dezoito para dezesseis anos essa idade na Constituição foi um político do PTB. O jogo é poder argumentar depois que a idade penal deve também ser baixada. Ora, quem vota deve poder ser votado, portanto, deve-se fixar a idade mínima em 21 anos.

E quanto ao desemprego? Não é mais cabível que exista isso, depois de tanto tempo passado da morte de John Maynard Keynes. Como não se divulgou a mensagem daquele economista com honestidade, o que era uma cobrança que ele sempre fazia, o mundo assiste à criação de tampões que servem para afastar para longe a chegada do sistema de pleno emprego. São exemplos os 'food stamps' (cartões de alimentação, implantados pelo governo de Franklin Delano Roosevelt) e o seguro desemprego. O governo deve, sim, fornecer alimentação, mas para os inválidos, conforme a proposta de Thomas Robert Malthus. Para os demais, deve providenciar emprego, tendo sido este o propósito de Keynes em todo seu trabalho acadêmico. O seguro desemprego parece algo bom, mas ele só pode ser considerado como coisa boa ante a sabotagem que fizeram às ideias keynesianas, que não se resumem à proposta de intervenção do governo nos momentos de crise econômica. A proposta é política governamental que garanta pleno emprego sempre. Os conservadores querem o *laissez-faire*, a ilusão da Lei de Say (tudo o que se produz, vende-se; esta pretensa lei foi mais um fruto da velha confusão entre antecedente e consequente, entre condição necessária e condição suficiente: tudo o que é vendido é porque esteve em oferta, e não o contrário).

Quanto à privatização dos serviços públicos, esta é uma outra defesa que parece coisa avançada. Mas ela incorpora pelo menos duas armadilhas contra o progresso: implica 'roubar' empresários da produção para trazê-los ao serviço público, que deveria ser incumbência do governo, e implica também trazer danos as pessoas que pertencem a alguma categoria prejudicada pela exigência de 'boa aparência', pessoas que se empregam com tranquilidade no serviço público, através de concursos que não levam em conta a cor dos olhos, mas que nos serviços privatizados ficam sem as correspondentes vagas de trabalho.

A casta de doadores de esmolas é absolutamente necessária na visão dos conservadores, pois em sua política não deve haver empregos para todos e, assim, muitos cairão em situação de miséria, passando a ser dependentes de pessoas caridosas que os sustentem, uma vez que o governo não deve ser incumbido disso. Assim também, a responsabilidade social das empresas, que é uma cobrança de alas progressistas da academia, não deve ser cultivada. Para o conservador, às empresas deve-se dar liberdade absoluta, sem nenhuma imposição além dos tributos.

Finalmente, em relação a segurança e justiça, a deterioração do comportamento humano é sempre vista como problema moral, sem relação com condições objetivas, sendo, portanto, a pena de morte um bom instrumento de solução dos problemas sociais, sempre segundo os conservadores. E, no seu entender, para que haja mais eficácia na aplicação da repressão sobre os delinquentes, mesmo que não seja possível garantir a pena de morte, a polícia tem de ser municipal, presente em todos os momentos e mantida sob responsabilidade do poder local.

Tais são os aspectos mais centrais da ação dos conservadores hoje.

Grandeza. Com os programas positivos acima, não está garantida a viabilidade do Brasil?

Infelizmente, ou talvez até felizmente, não há o caminho que viabilize o Brasil como entidade política. São cinco os gargalos cristalizados, cuja remoção conjunta não está no horizonte do provável.

A) Brasília como residência presidencial - Efeito Ravena.
B) Diretas presidenciais - a menina dos olhos do populismo messiânico.
C) Divisão regional fascista, de 1970, com sua Região Sudeste.
D) Horror à Cultura do Mérito e à inovação autóctone.

Brasília surgiu por ímpeto novo-rico de um chefe de Estado talhado para aquele momento. Ele só teve de cumprir um plano traçado há muito na área onírica das mentes, como um pesadelo que se fazia antecipar como sonho de glória.

As diretas presidenciais vieram de efeito reverso contra o regime militar. Tivessem os militares dado dois presentes ao Brasil, a tomada de Brasília já em 1960 e a adoção de diretas presidenciais desde então, por efeito reverso os brasileiros teriam afastado os dois desastres em 1985: teriam devolvido a residência presidencial ao Rio e teriam abolido a eleição direta presidencial. Mas não estava desenhada no inconsciente da humanidade a viabilidade do país.

A solução está num plano diverso. A saída é diluir o país na América do Sul. Isso não significa abrir mão da história, da cultura e da unidade de coração das gentes brasileiras. Pelo contrário, significa fortalecer mais ainda essa perspectiva com a ajuda dos países irmãos da região, oferecendo também a eles, por sinergia, oportunidade de crescimento conjunto.

No início de 2014, sete partidos brasileiros contavam com mais de um milhão de filiados: PMDB (2,36 milhões), PT (1,59), PP (1,42), PSDB (1,35), PDT (1,21), PTB (1,19) e DEM (1,09). Destes, pelo menos os quatro primeiros precisam abraçar com entusiasmo a causa da integração sul-americana, conforme delineada abaixo, principalmente o maior deles, PMDB. Foi no governo Sarney, PMDB, que a integração teve início de fato.

Não se pode contar com a estrutura da Una-Sul, que é uma entidade arquitetada pelos governantes bolivarianos, mas pouco funcional. Nem com o antigo Grupo do Rio, unindo América Latina e Caribe, que os bolivarianos mudaram para Celac e que é presidida atualmente por Raúl Castro. A base da superfederação é o Merco-Sul (a pronúncia em português, sem hífen, teria de ser 'mercozul'). Aliás, a fealdade dessa sigla impura, Merco-Sul, é um ótimo motivo para se deixar para trás a presente fase das relações entre os Estados da América do Sul.

Se o Merco-Sul incorporar a Bolívia, terá área de 13.889.765 km^2, menor apenas que a da Rússia, entre os países. Essa federação passa a ser o quinto país do mundo em PIB nominal, com 3.461.465.000 de dólares norte-americanos, em valores de 2011, ficando atrás apenas de Alemanha, Japão, China e EUA (levando-se em conta que a União Europeia ainda não se apresenta como um país). Com a entrada futura da Colômbia, passa à quarta posição, acima da Alemanha.

O Merco-Sul, que deveria passar a chamar-se União América-Sul, tem todas as proximidades possíveis para tornar-se já um único país. É o Processo Leviatã, em que cada Estado-membro cede poder, para alcançar um poder maior. Abaixo vemos como viabilizar a nova etapa.

A) *Mandato*. A presidência da União América-Sul (Union of South America, em inglês) deve ser exercida sob mandato bianual, sem recondução, com posse do titular sempre no dia 2 de janeiro dos anos pares. No ato da posse, o Presidente desfilia-se de qualquer partido a que esteja ligado. O próximo Presidente já pode exercer o mandato durante o presente biênio par-ímpar.

B) *Presidência*. O Presidente do bloco deve ser uma figura proeminente, reconhecida internacionalmente, de pelo menos 50 anos de idade, escolhido pelos presidentes dos Estados-membros da União: quando argentino, pode ser alguém como Quino; quando brasileiro, alguém como Pelé. Após cinco presidentes, isto é, após dez anos, a exigência de um nome de expressão internacional não será mais tão relevante. O nome escolhido precisa ser referendado e empossado pelo Parlamento do Merco-Sul, o Parla-Sul.

C) *Residência*. Os Presidentes do bloco devem residir na capital fixa, a capital presidencial, durante o biênio do mandato, e esta capital é o Rio de Janeiro (*conditio sine qua non*, para se evitar o terrível efeito Versalhes-Weimar - outra cidade pode dar resultado pior que Bruxelas). A capital presidencial deve ser sempre o Rio - salvar o Rio, destruído pelo abandono juscelinista, é salvar a América Latina. Temos de evitar sempre os três motores da tragédia histórica: capitalnovismo, vitaliciedade e teocracia.

D) *Geografia*. A presidência da federação é ocupada por lusófonos, dos cinco povos brasileiros (eles passam a ser as regiões-repúblicas de Pinheiros-Sul - RS a SP -, Atlântica-Leste - RJ a SE -, Palmares-Nordeste - AL a MA -, Amazônia-Norte - TO a AC -, Cerrado-Oeste - RO a GO-DF -, tendo como presidentes honorários os governadores das unidades federativas das principais capitais, que são, respectivamente, São Paulo, Rio, Fortaleza, Manaus e Brasília - a base é a divisão regional histórico-cultural, não a do governo militar, de 1970, e esses governadores tornam-se presidentes das superintendências de desenvolvimento, Sudene, Sudam, Sudeco, Sudessul e Sudeleste), e hispânicos, dos Estados do Cone-Sul e dos Andes, pela ordem alfabética: Amazônia, Argentina, Atlântica, Bolívia (após ingressar), Cerrado, Palmares, Paraguai, Pinhal, Uruguai, Venezuela. (Os membros hispânicos podem apresentar resistência à idéia de ocupar a presidência dessa forma, mas um simples rodízio entre os atuais países, como é hoje, enfraquece o bloco e praticamente o inviabiliza por causa do peso do Brasil, que, por isso, precisa ser fracionado nas cinco repúblicas - a Constituição do Brasil proíbe o fim da federação, mas não uma redivisão.)

E) *Comissão.* O parlamento e a administração (Comissão Executiva) devem mudar-se de Montevidéu para Buenos Aires - manter esses órgãos no Uruguai significa tirar da Argentina a motivação para participar do bloco.

F) *Premier.* O Parla-Sul elege o ministro-chefe, presidente da Comissão Executiva em Buenos Aires, com mandato de quatro anos, sem recondução imediata, só podendo voltar ao posto após oito anos fora dele. A Comissão Executiva funciona com dez pastas (ministérios), como número máximo (Fazenda, Indústria, Ciência, Transporte-Comunicação, Relações Exteriores, Justiça-Trabalho, Agricultura, Defesa-Ambiente, Saúde-Previdência).

G) *Capitais.* Instala-se o Banco Central em Montevidéu (capital financeira), a Suprema Corte em Caracas (capital judiciária), a Escola de Engenharia Politécnica do Exército em Assunção (capital estratégica), cidades que se reportarão a Buenos Aires (capital administrativa) e Rio de Janeiro (capital política). A União não adota Constituição, mas apenas a Lei Eleitoral e os códigos de praxe (civil, penal, tributário,...).

H) *Moeda.* Cria-se a moeda comum, funcionando nos primeiros anos em forma escritural, não cunhada. Deve-se levar em conta a vida curta de moeda chamada por trissílabo, como peseta ou escudo.

I) *Equilíbrio.* Em todos os mandatos, cinco titulares, entre as dez pastas, devem pertencer à elite técnica (profissionais de engenharia, computação ou ciências exatas) e outros cinco devem ser da elite clássica (profissionais de ciências biomédicas ou de humanidades).

Evita-se o Efeito Carly Fiorina.

J) *Estrutura*. Junto à presidência no Rio criam-se (a) uma pequena guarda presidencial - formada por membros das forças armadas dos Estados-membros -, (b) uma agência de notícias com uma produtora de rádio-TV e internet e (c) um sistema de vídeo-conferência conectado diariamente com a administração em Buenos Aires. Uma presidência bianual exercida na capital presidencial fixa (Rio) trará a consolidação definitiva da federação, angariando respeito e reconhecimento por parte dos povos da jurisdição. No primeiro domingo de cada semestre o Presidente fala em cadeia de rádio-TV sobre a situação político-econômica do bloco (se em espanhol, com legendas em português; se em português, com legendas em espanhol). O Brasil, com seus cinco povos, compromete-se a introduzir a matéria Língua Espanhola na última série do ensino fundamental, nono ano, pois as línguas oficiais da União América-Sul devem ser (1) espanhol, (2) português e (3) tupi-guarani - futuramente, também inglês, por causa da Guiana. Sobre segurança, os Estados-membros se comprometem a proibir comércio e porte de armas de cano curto (armas leves). As diferenças de nível econômico, como aquela existente entre Bolívia e Argentina, serão superadas muito mais rapidamente na nova geografia política. Com o tempo, os sul-americanos do pacífico passarão a participar da federação.

Convém repetir que a *conditio sine qua non* para o funcionamento da federação, e da consequente viabilidade do continente, na direção da conquista da felicidade da população da América do Sul, é a instalação da residência presidencial no Rio de Janeiro. Dispondo-se (i) o presidente no Rio de Janeiro e (ii) o chefe da Comissão Executiva (premier) em Buenos Aires, cria-se o necessário compartilhamento que fará os povos irmãos sul-americanos viverem realmente como irmãos. Para isso, não se pode negligenciar (iii) a divisão regional do Brasil, que não deve ser a do fascismo, de 1970. É também importantíssimo, para a garantia de progresso, que (iv) os ministérios sejam repartidos metade para profissionais de ciências exatas e tecnologia e outra metade para profissionais de ciências biológicas e humanidades. Finalmente, (v) o presidente da União, convém frisar, tem mandato de dois anos, sem recondução. E as demagogias regionais passam a ser neutralizadas pelo poder central, construído sobre fundamentos estratégicos, livres do populismo que tem mergulhado na mediocridade e na ausência de perspectivas as populações latino-americanas em geral.

@cacildo
cacildomarques@gmail.com

www.ingramcontent.com/pod-product-compliance
Lightning Source LLC
Chambersburg PA
CBHW051757250726

48659CB00001B/475